예수처럼 말하는 법

예수처럼 말하는 법

초판 1쇄 발행 ┃ 2019년 8월 23일

지 은 이 ┃ 이승현
펴 낸 이 ┃ 이한민
펴 낸 곳 ┃ 아르카

등록번호 ┃ 제307-2017-18호
등록일자 ┃ 2017년 3월 22일
주   소 ┃ 서울 성북구 숭인로2길 61 길음동부센트레빌 106-1805
전   화 ┃ 010-9510-7383
이 메 일 ┃ arca_pub@naver.com

홈페이지 ┃ www.arca.kr
블 로 그 ┃ arca_pub.blog.me
페이스북 ┃ fb.me/ARCApulishing

책   값 ┃ 뒤표지에 있습니다
I S B N ┃ ISBN 979-11-89393-09 003230

아르카ARCA는 기독출판사이며 방주ARK의 라틴어입니다(창 6:15).
네가 만들 방주는 이러하니 … 새가 그 종류대로, 가축이 그 종류대로,
땅에 기는 모든 것이 그 종류대로 각기 둘씩 네게로 나아오리니 그 생명을 보존하게 하라 _창 6:15,20

인류가 귀담아 들어온 대화와 설득의 본질적 기술

예수처럼 말하는 법

Speaking Just Like Jesus

이승현 지음

아르카

그때그때 입에서 나오는 말이
전부 제대로 된 말이라고 보기 어렵습니다.
순간순간 내뱉는 말은 자칫
공기와 노트 주변 어딘가를 맴돌다
아무 의미 없이 허공으로 사라질 수 있기 때문입니다.
우리의 말이 마음에서,
머릿속에서 잘 정제되고 준비된 상태에서
입 밖으로 나와야 하는 이유가 거기에 있습니다.

크리스천의 말은

허공을 떠돌다 사라지는 말이 아닌

세상의 빛과 소금으로 남아야 합니다.

우리의 말은

그저 그런 수많은 다른 말과 달리

생명을 살리는 기적의 가능성을 품고 있어야 하는 것입니다.

그래야만 하는 이유는 간단합니다.

우리는

예수님의 품격을 닮은 존재이기 때문입니다.

2부 예수처럼 말하는 기술

'품격있게 말하기'의
진정한 모델

"악성 댓글 법적 대응, 선처 없다."

잊을 만하면 접하게 되는 뉴스 제목입니다. 유명인들이 악성 댓글에 대해 법적 대응에 나선다는 기사이지요. 그들의 마음이 이해되기도 하는 것이, 댓글의 악성 수위가 꽤 높은 경우가 많습니다. '인신공격은 기본이고 모욕은 선택'이라는 말이 과장은 아닌 것 같습니다. 말 한 마디로 천 냥 빚을 갚기는 힘들어도, 말 한 마디로 상처를 주기는 참 쉬운 세상입니다. 이제는 손가락 끝으로도 그럴 수 있게 된 것입니다.

크리스천 역시 이런 세상을 살아가는 사람들입니다. 남들이 말 한 마디로 상처를 줄 때, 크리스천이라고 해서 말 한 마디로

천 냥 빚을 갚는 존재는 아닙니다. 예수님의 십자가 희생을 통해 죄를 용서받은 존재라는 차이가 있을 뿐입니다.

하지만 죄에 대한 책임이 사라졌다는 것이 즉시 착한 사람, 혹은 품격있는 사람이 되는 것을 의미하지는 않습니다. 크리스천이 됐다고 괴팍한 성정(性情)이 갑자기 사라지지도 않습니다. 말을 함부로 하던 사람이 하룻밤 사이에 품격있게 말하지도 않지요. 저 자신을 보더라도 그리스도 안에서 죄 사함을 받았다고 성품이 확 바뀌는 것은 아닌 것 같습니다.

성경에서 하나님의 선택과 성령의 임재를 받아도 기본 성품은 좀처럼 바뀌지 않는다는 걸 가장 잘 보여주는 인물이 사사기에 등장하는 삼손이 아닐까 싶습니다.

사사기에 등장하는 사사들은 하나님의 선택을 받은 사람들입니다. 그 사사들 중에서 '여호와의 영이 임했다'라고 표현된 사사는 옷니엘, 기드온, 입다, 삼손, 네 명입니다. 구약성경에서 여호와의 영을 받은 사람이란 신약 시대의 표현으로 하면 성령을 받은 사람들입니다. 그 중에서 '여호와의 영이 임했다'라는 표현이 유일하게 네 번 언급된 인물이 삼손입니다. 다른 이들에겐 한 번씩 표현됐지요. 삼손에겐 네 번이나 임한 겁니다. 요즘 표현으로 하자면 삼손은 '제대로 성령을 받은 사람'이었던 것입니다.

그런데 삼손은 어땠나요? 성령의 임재를 여러 차례 경험하고도 하나님의 선택을 받은 사람답게 살지 않았습니다. 다른 사사들은 자신에게 여호와의 영이 임하자 리더답게 군사를 소집해 이스라엘을 구원하기 위한 전쟁에 나선 반면, 삼손은 여호와의 영이 임한 다음에 여자를 찾아 나섭니다. 여자 중에도 하나님이 그토록 상관하지 말라고 했던 이방 여인을 좋아했습니다. 결국 비극적으로 삶을 마치는 계기도 블레셋 여인 들릴라에게 넘어갔기 때문이었습니다. 삼손을 보면 사람이 성령을 받아도 타고난 본성이나 성격은 좀처럼 변하지 않는 것 같습니다.

예수처럼 사는 것, 예수처럼 말하는 것

어디 삼손뿐일까요? 우리는 어떨까요? 예수 그리스도를 따르고 세례를 받은 사람으로서, 언제나 인격적으로 모범적인 삶을 살고 있는 존재일까요? 늘 따뜻하고 공감하는 말을 하면서 상대에게 힘과 위로를 주고 있을까요? 그런 사람도 분명 많지만, 그렇지 못한 사람도 적지 않은 것이 우리 현실이고 모습입니다.

주일에 교회 예배 잘 마쳤는데, 주차장 어딘가에서 "누가 차를 잘못 주차했네, 생각이 없는 사람이네" 하는 고성(高聲)이 들립니다. 교회 일을 열심히 하다가 의견 차이가 생기면 심하게 다투는 경우도 종종 있습니다. 알고 보면 의견 차이가 그리 크지도 않고, 자세히 살펴보아도 본질적인 문제는 아닌 것 같은데 말이죠. 어쩌다 어른의 의견을 반박하면 자기보다 어린 사람이 말대꾸를 한다며 공개적으로 사과를 요구하는 분도 있습니다. 하고 싶은 말은 밤을 지새워서라도 해야 직성이 풀리는 사람이면, 분풀이라도 하려는 듯 교인들에게 전화를 돌리기도 합니다. 예수님을 따른다고 우리 인품과 인성이 자동적으로 훌륭해지거나 배려 깊고 사려심이 풍부한 사람으로 바뀌지 않는다는 것을 우리는 이렇게 경험으로 알고 있습니다. 다만 이런 생각은 늘 합니다. '그래도 나는 저 정도는 아닐 거야.'

우리는 크리스천답게 구별된 삶을 살아야 한다는 말을 많이 듣습니다. 하나님의 형상을 닮은 존재로서, 복음 전파를 위해 시간을 아끼지 않는 사명을 가진 존재로 살아가야 한다는 것이죠. 이게 말은 정말 좋은데, 어떤 면에서는 참 피곤한 일입니다. 그냥 세상에서 즐길 수 있는 것은 좀 즐기고, 화도 좀 내면서 속편하게 살면 참 좋겠는데, 쉽게 그럴 수 없다는 측면에서 그렇습니다.

크리스천이 어쩌다 너무 화가 난 나머지 남들이 너무 흔하게 사용해서 욕처럼 생각되지도 않는 욕을 했다고 가정해봅시다. 모르긴 몰라도 "쟤는 교회 다닌다는 애가 욕도 하네", "예수 믿어도 다를 거 없어" 같은 말을 듣기 십상입니다. SNS에 욕이나 은어가 포함된 단어나 누군가를 비판하는 글이라도 올리면 "교회 다녀도 똑같다"는 말을 듣게 되지요. 크리스천답게 말하고 살아간다는 것이 세상 기준에서 어느 정도 피곤해지는 걸 감수해야 하는 현실입니다.

더구나 요즘 한국 사회에서는 기독교가 '개독교'로 비판받는 경우도 종종 있습니다. 그래서 복음을 알리고 크리스천답게 살기 원하는 크리스천이라도 크리스천답게 살기가 쉽지 않습니다. 현실의 분위기가 이렇다 보니, 세상 사람들이 복음을 알리는 사람들을 향해 "예수쟁이들은 말이 많다. 말에 핵심이 없다"는 식으로 폄하하기도 합니다. 그러면 이제 우리는 어떻게 해야 할까요? 어떻게 말하고 행동해야 '크리스천답게' 말하고 행동하며 살아갈 수 있는 것일까요?

크리스천답게 무언가 한다는 것은

늘 얻게 되는 결론이지만, 어떤 의문이 풀리지 않을 때 정답은 성경에 있는 것 같습니다. 크리스천답게 무언가를 하는 것은 성경이 이르는 대로, 예수 그리스도처럼 무언가를 한다는 것을 의미하기 때문입니다. 이건 성경적인 공식 같습니다. 그러면 과연 크리스천답게 말하는 것은 무엇일까요? 성경의 공식을 대입하면 답은 간단합니다. 예수님처럼 말하면 되는 것이니까요. 성경에 담긴 예수님의 설교나 말씀만 잘 살펴보아도 아주 근사한 답을 찾을 수 있는 것입니다. 돈과 시간을 들여 스피치학원이나 방송 아카데미를 다녀야 하는 것이 아니라, 성경만 잘 살펴보아도 '크리스천다운 품격을 갖출 수 있는' 말하기 방법(way of speech)을 탐색할 수 있습니다.

많은 사람들이 말을 잘 하는 것을 목소리, 발음, 발성이 좋은 것으로 인식합니다. 예쁘고 교양 있어 보이는 말을 하거나 장단음을 명확히 구별하는 것이라고 생각하는 것이지요. 어떤 대화 상황에서나 적재적소에 재미있고 의미 있는 소재를 잘 활용해 재치있고 유식해보이게 말하는 것을 '말 잘 하는 것'으로 생각하기도 합니다. 그래서 말하는 법을 배우려는 욕구가 강합니다. 예나 지금이나 화술(話術) 또는 대화법 책이 인기이고, 스피치 학원이나 방송 아카데미를 찾는 사람이 끊이지 않는 걸 보면 사람들의 바람이 어떠한지 짐작할 수 있습니다.

그런데 말을 잘 한다는 것이 정말 목소리, 발음, 발성, 호흡 등이 좋다는 것을 의미할까요? 최근 설문조사마다 대한민국에서 가장 말을 잘 하는 사람으로 1,2위에 꼽히는 김제동 씨가 아나운서보다 목소리가 좋고 발음이 좋다고 보십니까?

우리는 '말을 잘 하는 것이 무엇인가?'라는 질문보다 '품격있게 말하는 것이 무엇인가?'라는 질문에 대해 우선 분명한 인식이 있어야 하고, 그 답을 먼저 찾아야 합니다. 그런 다음 '예수처럼 말하는 것', 즉 '크리스천답게 말한다는 것'이 무엇인지 살피는 것이 순서일 것입니다. 단순히 목소리와 발음과 발성을 개선하는 것이 말을 잘 하는 것이라면, '예수처럼 말하는 것' 역시 '목소리, 발음, 발성, 호흡'이 좋으면 된다고 오해할 수 있기 때문입니다. 그래서 우리는 발음과 발성 같은 기술적 측면이 아니라 진짜 '말을 잘 한다는 것'의 본질적 의미를 먼저 살펴보아야 합니다. 참 다행인 것은, 이런 본질적 측면을 완벽하게 보여주시는 분이 바로 예수님이시라는 점입니다. 이것은 크리스천인 우리가 미처 인식하지 못했던 큰 축복입니다.

말하기의 본질과 말하기의 기술

이 책은 크리스천이 크리스천답게 말하는 법이 무엇이며 크리스천다운 품격에 대한 이야기를 담고 있습니다. 일반적인 스피치 이론을 물론 많이 참고했지만, 예수님과 성경의 이야기에서 출발하기 때문에 접근 방법이 다릅니다.

이 책은 크게 두 부분으로 이뤄져 있습니다. 제1에서 제5계명을 담은 1부에서는 예수님처럼 말하기 위해 필요한 '말하기의 본질'을 다룹니다. 제6에서 제10계명을 다루는 2부에서는 실제 생활에서 적용하며 익힐 수 있는 '말하기의 기술'에 초점을 맞추었습니다. 크리스천의 품격을 이야기하는 과정에서 롤모델은 모두 예수님이시고, 학습 자료는 신구약성경입니다.

크리스천의 품격이란 무엇인지, 어떻게 말하는 것이 크리스천답게 말하는 것이고 예수처럼 말하는 것인지 살펴볼 준비가 되셨나요?

마음의 준비가 되셨다면, 이 책을 읽기 전에 해주실 일이 있습니다. 제1계명을 펼치기 전에, 먼저 사복음서 가운데 한 권을 펼치는 것입니다. 사복음서 중에서 당신이 가장 편하게 느끼는 복음서 한 권을 한두 번 정도 읽어보기를 권하는 것입니다. 물론 복음서와 이 책을 같이 읽어도 좋습니다. 예수님의 말씀에 어떤 특징이 있는지 고민해보고 그것이 무엇인지 어렴풋이 느껴진다면, 이제 여러분은 본론으로 들어가 말하기의 본질이 무엇인지 탐색할 준비가 됐다고 말씀드릴 수 있을 것 같습니다. 준비가 되셨다면, 이제 출발하겠습니다.

1부 ▬▬▬▬▬▬▬▬▬▬▬▬▬▬▬▬▬▬▬▬▬▬▬▬▬▬▬

예수처럼 말하는 본질

말하기는 먼저
귀로 하는 것이다

기자 :　질문에 좀 집중하죠. 정의심 때문입니까? 아님, 복수?

안상구 :　(피식 웃으며) 그 얘기는 난중(나중)에 하기로 하고.. 잭 니콜
　　　　　슨이 수사를 하는 과정에서 나쁜 놈들한테 '다구리'를 당하
　　　　　는데….

기자 :　저, 영화 얘기는 나중에 하고요. 내가 지금 영화 보러 온 것
　　　　도 아니고.

안상구 :　(섬뜩한 눈빛으로) 어이, 사람 말하는데 톡톡 자르지 말고 끝
　　　　　까지 들어. 지금부터가 진짜니까.

영화 〈내부자들〉에 나오는 안상구와 기자의 대사입니다. 읽기

만으로도 사투리 섞인 이병헌 씨의 거친 목소리가 귓가에 맴도는 것 같습니다. 그럴 만큼 안상구를 연기한 이병헌 씨의 연기가 인상 깊었습니다. 그런데 이들의 대화를 보고 어떤 느낌이 드셨나요? 두 사람은 각자 자기 이야기를 아주 열심히 하고 있습니다. 기자는 자기가 궁금한 걸 묻는 데만 집중하고, 안상구도 자기 이야기만 들으라고 강요하고 있습니다. 자기 귀는 닫은 채, 각자 하고 싶은 이야기만 하는 것입니다. 귀를 닫고 입으로 자기 할 말만 하는 불통의 사례입니다.

크리스천답게 말하기 위한 말 품격 제1계명은 '말하기는 먼저 귀로 하는 것이다'입니다. 제1계명 이야기를 마칠 때쯤이면, 우리는 예수님처럼 말한다는 것이 영화 〈내부자들〉에서 말하는 방식과 정 반대의 지점에 있다는 걸 자연스레 알게 될 것입니다.

스튜디오 속의 앵무새

저는 카메라 앞에서 떠드는 일에 매우 익숙합니다. 스튜디오에 혼자 앉아서 나를 보고 있는 스튜디오 카메라 렌즈를 보며, 때로는 진지한 표정을 짓고 더러 황당한 표정도 짓습니다. 그렇게 카메라를 향해 끊임없이 이야기를 쏟아내곤 했습니다.

처음 뉴스 앵커 자리에 앉았을 때는 자리가 만들어준 화려함 때문인지 몰라도, 또한 24시간 뉴스를 전하는 방송사의 현장기자로서 평소 부딪치며 경험했던 덕분인지, 카메라를 향해 말하는 일이 어색하거나 이상하게 느껴지지 않았습니다. 그저 '지금 이 순간' 텔레비전 화면을 통해 나를 바라보고 있을 다수의 불특정 시청자들을 무의식적으로 인식하며, 화려한 환상 같은 것에 취해 있기도 했습니다. 수많은 시청자가 바로 내 앞에서 나를 보고 있다는 환상 속에서 기분 좋게 말하고 있으면, 나 혼자 떠드는 건지 아니면 누군가에게 말하는 건지는 그리 중요하지 않았던 것 같습니다. 그리고 한 1년쯤 시간이 지났을까요? 언제부터였는지는 몰라도, 내가 새장 속의 앵무새가 된 것 같다는 느낌을 꽤 자주 받곤 했습니다. 스튜디오에 갇힌 채, 나를 바라보는 카메라를 향해 끊임없이 주절거리는 내가 조금 불쌍하게 느껴지기도 했습니다. 시청자들이 내 앞에 있는 듯한 환상은 착각에 불과하고, 나의 말에 반응해주는 상대가 없다는 것이 참 서글픈 상황이라는 걸, 아마 그때 처음 느꼈던 것 같습니다.

'카메라에 불이 들어온다. 나는 말한다. 그렇게 방송을 마치면 마음이 헛헛한 기분을 느낀다.'

매일 반복되는 자동적인 일상 속에서 내 입을 통해 나간 말이 향하는 목적성과 방향성이 상실되는 것처럼 느껴지기도 했습니다. 나의 말이 스튜디오 천정에 부딪혀 튕겨나가 어디론가 흩어지는 것만 같았습니다. 내가 뱉은 많은 말들과 나 자신마저 스튜디오라는 새장에 갇혀, 어디로 가야 할지 몰라 방황하는 것 같았습니다.

그래서인지 저는 혼자 뉴스를 진행하기보다 옆 자리에 파트너가 있을 때가 더 살아 있는 것 같아 좋았고, 게스트가 출연할 때면 더 신나게 말하곤 했습니다. 제가 질문하고 상대가 답하는 시간이 카메라 앞에서 혼자 떠들기보다 100만 배는 더 재미있고 의미있게 느껴졌던 것입니다. 당연하지요. 저는 앵무새가 아닌 사람이니까요. 엄연한 인격체이니 사람과 사람과의 관계를 더 좋아하는 것은 자연스럽고 본능 같은 것입니다.

그런 탓에 스튜디오에 게스트가 나오는 날이면 저는 조금 흥분하곤 했습니다. 게스트 앞에서는 일단 어떻게든 제가 더 많은 이야기를 하고, 질문을 하더라도 조금이라도 말을 더 붙여 길게 하려고 노력했습니다. 그래야 내가 좀 더 유식해 보일 것 같았고, 게스트와 대화하기 위해 내가 이런 저런 준비를 많이 했다는 점도 드러내 보일 것 같았습니다. 마치 게스트가 주인공이 아니라 내가 주인공인 듯 착각했습니다. 하지만 그렇게 대화를 이끌어가는 건 앵커로서 잘못이었다는 걸 한참 지난 뒤에 깨달았습니다.

게스트로 출연한 상대와 나누는 대화에서 주인공이 내가 아니라는 걸 어렴풋이 느꼈을 때, 그러니까 내가 나 잘난 듯 아무리 길게 질문해봤자 방송 시간만 까먹을 뿐 아무에게도 유익이 없다는 것을 깨달았을 때부터, 저는 제가 말하는 시간보다 듣는 시간을 늘리려고 노력했습니다. 일단 잘 들어야 제대로 질문할 수 있고, 제대로 질문해야 게스트도 시청자도 만족한다는 점을 알게 된 것입니다. 저는 다행히 그걸 스튜디오 안의 앵무새 시절에 깨달은 것 같습니다. 말을 잘 한다는 것이 내 입으로 내가 주인공이 되어 많은 말을 내뱉는 게 아니라는 걸 말이지요.

제 직업이 방송 기자였고 앵커였지만, 말은 입으로만 하는 것이 아니었습니다. 자기 말만 잘 하기보다, 우선 귀로 듣고 난 다음 내 입으로 반응하는 행위가 더 중요하다는 것을 그때부터 어슴푸레 느꼈습니다.

말을 많이 안 하고도 말을 잘 하는 사람

제가 다닌 고등학교의 국어 선생님은 학생들이 잊을 만하면 당신의 제자 중 한 명인 방송인 유재석을 자랑하시곤 했습니다.

"너희들 유재석이 얼마나 말을 잘 하는지 알아? 걔가 학교 다닐 때도 말은 많지 않았는데, 말은 참 잘 했어!"

저는 유재석 씨가 졸업한 고등학교에 다닌 덕에, 본의 아니게 그때부터 유재석 씨에 대한 이야기를 자주 들어야 했습니다.

저는 유재석 씨와 개인적 친분은 없지만, 보통 사람에겐 좀처럼 없는 독특한 인연을 가지고 있긴 합니다. 저와 그는 같은 초등학교, 중학교, 고등학교를 다녔습니다. 그는 저의 모든 공교육 기관의 선배인 셈입니다.

방송국에 입사해 문화부 기자 생활을 할 때, 적어도 한 번은 방송 현장에서 만나지 않을까 하는 기대를 했습니다. 그러면 제가 초중고 후배라는 점을 밝히며 개인적 친분관계를 만들 수 있지 않을까 싶었는데, 아쉽게도 그런 일은 일어나지 않았습니다.

지금은 얼굴도 기억에서 가물가물한 고등학교 국어선생님의 말이 다시 떠오른 것은 '말을 잘 한다는 것이 과연 무엇일까'라는 고민을 한창 할 때였습니다. 어느 주말에 '런닝맨'이라는 예능 프로그램을 보고 있는데, 문득 그 선생님의 말이 생각난 것입니다.

"걔가(유재석이) 말은 많지 않았는데, 말은 참 잘했어."

이 말을 떠올린 다음, 유재석 씨가 출연한 방송을 볼 때마다 무언가 새롭게 느껴지는 부분이 있었습니다. 유재석 씨는 어떤 상황에서든 혼자 말을 많이 하는 경우가 없었습니다. '말을 많이 하지 않는데 말을 잘 하는 사람, 그가 국내 최고 MC 가운데 한 명으로 꼽히는 이유는 대체 뭘까?' 하는 궁금증이 해소되기 시작했습니다.

그렇습니다. 그는 말을 많이 하는 사람이 아니라 많이 듣는 사람이었습니다. 상대방의 말을 먼저 듣고 그의 말을 정리하거나, 여러 사람의 의견을 탁월하게 조율할 줄 압니다. 필요한 말만, 필요한 순간에, 필요한 상황에 맞게 할 줄도 압니다. 그것이 그가 말을 많이 하지 않고도 말을 잘 하는 사람이 될 수 있는 이유였습니다. 그는 기본적으로 남의 말을 잘 듣는 자질을 갖추고 있기 때문입니다. 경청을 통해 제대로 된 말하기, 내실 있는 말하기가 가능한 것입니다. 저는 말은 입으로만 하는 것이 아니라는 것을 유재석 씨의 말하기를 통해 알 수 있었습니다. '어쩌면 말은 귀로 하는 것인가 보다'라는 생각도 함께 하게 되었고요.

말을 많이 해도 말을 못하는 사람

유재석 씨와 반대로, 말을 입으로만 하는 사람이 의외로 많습니다. 외모도 준수하고 목소리도 좋고 발음도 좋습니다. 그러면 듣는 사람은 그냥 넋을 놓고 바라볼 수밖에 없습니다. 그런데 이런 사람이 자기 이야기가 끝났다고 입도 닫고 귀도 닫아버린다면 어떨까요? 자기 이야기를 혼자 줄기차게, 나름 멋지게 말하면 그걸로 끝입니다. 상대방의 말이나 반응은 관심 없고 듣지도 않습니다. 자기 할 말은 다 했기 때문입니다. 이런 사람이 과연 말을 잘 하는 사람이라고 볼 수 있을까요?

여러분이 다 알 만한 한 사람을 소개합니다. 그는 여성이고 이전 직업은 대통령입니다. 그가 '대국민 사과 기자회견'을 하던 날입니다. 대통령으로서 그와 관련해 제기된 의혹을 해명하는 자리다 보니 온 국민의 관심이 기자회견에 쏠려 있었습니다. 그때 국민들에게는 '도대체 최순실이라는 사람이 누구이기에 한 나라의 국정을 좌지우지한 것인가?'가 초미의 관심사였습니다. 청와대를 취재하는 기자들에게도 전례 없는, 앞으로도 없을 것 같은 사안으로 간주된 큰 사건이었습니다.

대통령이 혼자 말하는 기자회견이 끝났고, 기자들의 질문이 이어질 시간이 되었습니다. 어쩌면 한 나라의 현직 대통령이 탄핵을 당할 수 있고, 구속 수사를 받고 짧지 않은 시간 옥중 생활을 할 수도 있는 일이라, 바로 앞에 있던 기자들도, 그 장면을 텔레비전 화면으로 지켜보던 국민들도 궁금한 것이 한두 가지가 아니었습니다. 그런데, 박근혜 당시 대통령은 회견문을 읽은 다음 질문을 받지 않고 회견장을 바로 빠져나갔습니다. 당시 기자회견장에 있던 수많은 청와대 출입기자들 가운데서 단 한 명도 대통령이 질문을 받지 않는 것에 항의하지 않았습니다. 그때 질문을 받지 않은 대통령은 물론, 질문을 하지 않은 기자들까지 여론의 뭇매를 맞아야 했습니다.

유재석 씨를 제외하고 안상구에서 대통령까지, 제가 앞에서 소개한 사람들의 공통점이 무엇인지 느껴지시나요? 자기가 하고 싶은 말만 하는 사람입니다. 어떤 상황에서든, 사적인 대화든 공적인 대화든, 자기 하고 싶은 말만 하고 귀를 닫는 사람들입니다. 이런 걸 보면, 하고 싶은 이야기를 논리적으로 리듬감 있게 잘 한다고 해서 말을 잘 하는 사람이라고 할 수 있을까요? 이른바 대화라고 하는, 상대방이 존재하는 의사소통 행위 과정에서 상대방의 존재를 인정하지 않는 말하기가 정상적인 말하기라고 볼 수 있을까요?

저는 이들의 말하기는 모두 제대로 된 말하기가 아니라고 생각합니다. 아무리 목소리, 발음, 발성, 호흡 같은 말하기의 기본 기술이 좋다고 하더라도, '상대방을 무시하는 말하기'는 말하기의 기본을 지키지 못했다는 점에서 제대로 된 것이라고 할 수 없습니다. 더구나 목소리와 발음 같은 말하기 기술도 그저 그런데, 상대방과 소통을 차단한 말하기라면, 말 그대로 벽을 보고 떠드는 것 이상이 될 수 없습니다. 입만 열고 귀를 닫은 말하기, 소통 없는 불통의 말하기는 제대로 된 말하기 요건의 기본조차 갖추지 못한 것입니다.

일방향 vs 쌍방향

대한민국에서 공교육을 마치고 외국으로 유학을 간 사람들은 유학 간 학교의 첫 수업시간에 적잖은 충격을 받는다고 합니다. 이유의 대부분은 수업 진행의 방식과 분위기가 너무 다르다는 점입니다. 한국에서 선생님은 말하는 사람이고 학생은 듣는 사람이라는 분위기가 강한 반면, 외국에서 선생님은 말을 하면서 동시에 듣고, 학생 역시 말을 들으면서 동시에 말하는 사람이라는 것이 큰 차이점입니다. 지금은 한국의 공교육 방식이 많이 바뀌었다고 하지만, 상대적인 비교를 하자면 한국의 수업은 여전히 일방향 방식에 가깝습니다. 반면 외국의 수업은 쌍방향 방식에 더 가깝습니다.

아마 일방향 수업 진행 방식의 가장 대표적인 예는 한국의 공무원 입시학원이 아닐까 합니다. 강사는 강단에 올라가 2시간이든 3시간이든 줄기차게 '강의합니다.' 학생들은 그 시간 내내 집중력을 놓칠까 싶어 경쟁하듯 수업을 '듣습니다.' 시험 자체가 암기식이니 수업시간에 학생과 강사 사이에 '소통이라는 시간 낭비'가 들어설 이유도 여유도 없습니다. 그리고 수업이 끝납니다.

많이 나아졌다고 하지만, 이런 일방향 대화 방식이 우리 사회 전반에 고질적으로 깔려 있는 것 같습니다. 윗사람은 말해야 하고, 아랫사람은 들어야 합니다. 한 나라의 최고 권력자가 기자회견장에서 귀는 막고 입만 여는 말하기를 할 수 있는 것은 이런 사회적 배경과 문화 때문이라고 생각합니다.

요즘은 예전과 비교하면 많이 나아졌다고 하더라도, 자유로운 소통이 들어설 자리는 여전히 좁아 보입니다. 아랫사람이 할 말 다 하면 자칫 버릇없다는 틀 속에 규정될 가능성이 높습니다. 소통이라는 것이 그렇게 단순한 행위가 아니라는 점을 느낄 수 있는 현실입니다. 그런 탓에 우리 사회에서는 자연스럽고 자유롭게 소통이 이루어지는 말하기의 사례를 발견하기가 사실 쉽지 않습니다. 유재석 씨나 김제동 씨 같은 몇몇 방송인을 제외하고, 소통의 본을 보이는 인물을 찾기 어렵습니다. 우리는 어디서 좋은 모델을 찾을 수 있을까요?

크리스천에게는 성경이 있습니다. 크리스천이 가진 복 중에서 가장 큰 복인 성경에는 지금 우리가 필요로 하는 '소통의 본'을 제대로 보여주시는 존재가 주인공으로 등장합니다. 바로 예수님이십니다. 성경의 대부분이 세상과 삶의 본질을 다루는 내용이라는 점 때문이기도 하지만, 우리는 특히 예수님의 말하기를 통해 말의 본질에 접근해보고자 합니다.

어쩌면 당연한 것이면서도 참 신기하게 느껴지는 것이, 우리 시대가 가르치는 말의 기술을 넘어서는 본질적인 말하기 방법을 복음서에 기록된 예수님의 설교에서 고스란히 확인할 수 있다는 점입니다. 이런 걸 보면 크리스천으로서 살아간다는 것이 여러 가지 측면에서 참 축복인 셈입니다.

귀로 말하는 사람

예수님의 말하기를 통해 말의 본질을 탐색하는 과정에서 우리가 먼저 인정해야 할 부분이 있습니다. 예수님의 말하기는 우리가 열심히 연습만 한다고 해서 흉내낼 수 없다는 점입니다. 우리가 아무리 노력해도 예수 그리스도가 될 수 없는 것처럼, 말하기도 그분과 똑같이 할 수 있는 존재가 아닙니다. 다만, 예수님이 말하기의 가장 본질적 측면, 즉 우리가 추구해야 할 말하기의 기준이 되신다는 점에서, 우리는 그분이 하신 말씀에 담긴 말하기의 본질에 집중할 따름입니다. 똑같이 따라하지는 못한다 하더라도, 추구해야 할 목표나 지향점은 예수님처럼 해보겠다고 설정하고 다짐할 수는 있기 때문입니다. 그러니 우리가 예수님처럼 말하지 못한다고 해도 좌절할 필요는 전혀 없습니다.

당신은 우리끼리 처음에 약속한 대로 사복음서 가운데 한 권을 읽어보셨나요? 읽는 중이어도 좋습니다. 복음서에 나오는 예수님의 설교를 보면서 어떤 점을 느끼셨나요? 대한민국의 공무원 입시학원처럼 강사 위주의 일방향 강의 같다고 느끼셨나요? 아니면 서구 사회에서 익숙한 '선생님과 학생의 쌍방향 대화'처럼 느껴지셨나요?

성경 말씀의 의미를 세밀히 파악하지 않아도, 눈에 보이는 글자만 읽어봐도, 예수님은 하나님으로서 하나님의 뜻과 규율을 가르치실 때조차 쌍방향 대화 방식을 고수하신 것을 알 수 있습니다. 그는 말하는 존재이신 동시에 듣는 존재셨습니다. 제자들에게 자주 질문하셨고, 제자들은 그 과정에서 예수님에게 가끔 혼나기도 하며 진리의 뜻을 배우곤 했습니다. 비록 3년에 불과한 사역과 훈련의 기간이었지만, 제자들이 훗날 예수님의 뜻을 받들어 땅끝까지 복음을 전파할 수 있었던 것은 성령의 임재하심 때문인 동시에, 예수님으로부터 제대로 교육을 받았기 때문이라고 볼 수 있을 것입니다. 높은 지위일수록 고압적이고 권위적인 대화 방식을 고수하는 문화에 익숙한 우리에게, 예수님이라는 절대적 존재가 보여준 소통의 참맛이 그래서 더 의미 있게 다가오는 것인지 모릅니다. 여기에서 우리는 다시 깨달을 수 있습니다.

"말은 입으로 하는 것이 아니라 귀로 하는 것이다."

1) 가르치기 전에 질문부터 하셨다

예수님의 대화는 기본적으로 소통을 전제로 한 것입니다. 제자들에게 끊임없이 질문하는 과정을 통해, 나의 생각과 너의 생각이 하나로 이어지는 쌍방향 대화 방식을 가장 잘 보여준 모델이 예수님의 말하기입니다.

다음은 베드로가 예수님을 그리스도로 고백하는 마태복음의 한 장면입니다(마태복음 16장 13-17절).

① 예수께서 빌립보 가이사랴 지방에 이르러 제자들에게 물어 이르시되 사람들이 인자를 누구라 하느냐

② 이르되 더러는 세례 요한, 더러는 엘리야, 어떤 이는 예레미야나 선지자 중의 하나라 하나이다

③ 이르시되 너희는 나를 누구라 하느냐

④ 시몬 베드로가 대답하여 이르되 주는 그리스도시요 살아계신 하나님의 아들이시니이다

⑤ 예수께서 대답하여 이르시되 바요나 시몬아 네가 복이 있도다 이를 네게 알게 한 이는 혈육이 아니요 하늘에 계신 내 아버지시니라

5개의 절로 이루어진 이 말씀이 어떤 구조를 가지고 있는지 들여다보겠습니다. 이 말씀은 5개 절로 구분된 만큼 다섯 덩어리로 나눠 살펴볼 수 있습니다. 예수님의 질문과 제자의 대답이 반

복되는 대화 구조입니다. ① 예수님의 질문 ② 제자의 대답 ③ 예수님의 질문 ④ 제자의 대답 ⑤ 예수님의 대답으로 흘러갑니다. 말하는 사람 1명이 하고 싶은 이야기를 하는 것이 아니라, 듣는 사람의 피드백을 통해 대화가 이어진다는 것을 알 수 있습니다.

예수님은 "내가 그리스도이고 살아계신 하나님의 아들이야"라고 답을 미리 말하는 대신, 제자들과 질문을 주고받으면서 '예수 그리스도는 살아계신 하나님의 아들'이라는 주제와 결론을 도출해내십니다. 말씀을 듣는 제자들이 주제와 결론을 말하게 한 것이 특징입니다. 제자들에게는 예수님의 정체성을 알게 해준 대화이고, 예수님은 자신의 정체성을 알려주시면서 제자를 칭찬하고 축복하는 결과를 이끌어내신 대화인 것이지요. 대화를 이끌어가는 주체적 화자(話者)인 예수님의 입장에서나, 질문을 듣는 청자(聽者)인 제자들 입장에서나, 이 대화는 서로에게 유익한 결과를 이끌어냈습니다. '소통을 통한 피드백과 이를 통한 결론 도출'의 형식인 셈입니다.

여기서 우리가 눈여겨 보아야 하는 점은 '예수 그리스도는 살아계신 하나님의 아들'이라는 주제를 밝히는 과정이 일방적 강의 방식이 아니라 질문하고 답을 듣는 피드백 방식으로 이뤄졌다는 사실입니다. 이 대화의 주제인 '예수 그리스도는 살아계신 하나님의 아들'이라는 절대적 진리가 말의 주도권을 가진 '나' 곧 예수님이 아니라 '상대방'인 제자들의 입에서 나온 것입니다. 이

것이 핵심 포인트입니다. 우리가 예수님의 대화 방식을 쉽게 흉내낼 수 없는 지점이 여기에 있습니다. 자신이 말하고 싶은 대화의 핵심 결론이 상대방의 입에서 나오도록 만드는 것은 따라하기 쉽지 않은 일이기 때문입니다. 예수님이 절대적 존재이시기 때문에 가능한 일이라고 생각하면 인정하기 쉬울까요?

우리는 여기서 질문과 답을 주고받는 소통 방식이 주제와 결론을 이끌어내는 데 매우 적절한 수단이라는 점을 배울 수 있습니다. 말하기의 본질인 소통 과정이 얼마나 큰 힘을 가지는지도 알게 됩니다. 예수님이 듣는 사람에게 절대적 진리를 알려주기 위해, 그냥 재미 삼아 '질문을 통한 피드백 주고받기' 형식을 사용하신 것이 아니라는 점도 알 수 있습니다. 물론 당시 대화에서 예수님의 의도를 우리가 다 알 수는 없습니다. 다만 우리가 배울 점은, 이런 중대한 의미를 전달하는 대화가 크게 보면 적극적 소통 방식으로 이뤄졌다는 것이고, 작게 보면 피드백을 주고받는 과정이었다는 것입니다. '예수 그리스도가 살아계신 하나님의 아들'이라는 절대적 진리가 소통 과정에서 도출된 것입니다.

사실 나 자신과 상대방이 말을 주고받는다는 자체만으로도 의미가 있습니다. 말하기의 전제 요건, 즉 말을 잘 하기 위한 기본 토대가 이런 소통 방식에 깔려 있기 때문입니다. 예수님처럼 대화의 맥을 붙잡고 적절한 질문을 통해 주제를 도출해나가는 소통 방식은 우리에게 꽤 인상적인 본보기입니다.

2) 자연스럽게 발전적인 가르침을 안겨주셨다

예수님은 이와 같이 제자들과 적극적인 소통을 통해 칭찬이라는 방법으로 피드백을 주시면서, 진리에 대한 통찰이라는 결과를 이끌어내셨습니다. 하지만 그 대화가 늘 제자들이 칭찬받는 방식으로 이뤄진 것은 아닙니다. 그들은 예수님의 제자라는 표현이 무색할 정도로 가르침을 제대로 이해하지 못하는 경우가 많았는데, 그럴 때면 예수님은 더 발전적인 방향으로 생각의 틀이 커질 수 있도록 유도하셨습니다.

이번에는 '바리새인들과 헤롯의 누룩 이야기'를 담은 마가복음으로 가보겠습니다. 마가복음 8장 15-21절입니다.

① 제자들이 떡 가져오기를 잊었으매 배에 떡 한 개밖에 그들에게 없더라

② 예수께서 경고하여 이르시되 삼가 바리새인들의 누룩과 헤롯의 누룩을 주의하라 하시니

③ 제자들이 서로 수군거리기를 이는 우리에게 떡이 없음이로다 하거늘

④ 예수께서 아시고 이르시되 너희가 어찌 떡이 없음으로 수군거리느냐 아직도 알지 못하며 깨닫지 못하느냐 너희 마음이 둔하냐 너희가 눈이 있어도 보지 못하며 귀가 있어도 듣지 못하느냐 또 기억하지 못하느냐 내가 떡 다섯 개를 오천 명에게 떼어 줄 때에 조각 몇

바구니를 거두었더냐 이르되 열둘이니이다 또 일곱 개를 사천 명에
게 떼어 줄 때에 조각 몇 광주리를 거두었더냐

⑤ 이르되 일곱이니이다

⑥ 이르시되 아직도 깨닫지 못하느냐 하시니라

이것은 예수님이 이미 오천 명을 먹이신 오병이어 사건과 사
천 명을 먹이신 사건이 벌어진 뒤에 진행된 대화입니다. 제자들
이 떡을 챙기는 것을 잊은 상황에서 예수님은 "② 바리새인들의
누룩과 헤롯의 누룩을 주의하라"고 말씀하십니다. 바리새인과
헤롯처럼, 자기중심적이고 위선적인 생각이나 태도에서 벗어나
라는 의미로 말씀하신 것입니다.

하지만 제자들은 해석의 초점을 '누룩'에 맞춥니다. 그러니 대
화가 제대로 진행될 수 없었겠지요 말하는 사람은 고차원적인
비유를 사용했고, 듣는 사람은 이해도가 현저히 떨어진 것입니
다. 아니나 다를까, 제자들은 '③ 떡이 없다'고 대답하고, 예수님
은 '④ 아직도 제대로 이해하지 못하는' 제자들을 꾸짖으십니다.
예수님이 행하신 많은 기적을 제자들이 직접 체험한 뒤에 나눈
대화였다고 보기에는 아쉬움이 느껴집니다. 제자들이 예수님이
어떤 존재인지 아직 제대로 깨닫지 못하고 있다는 점에서 그렇
습니다.

특히 이 대화 직전에 '귀 먹은 사람에 대한 치유 이야기'(막

7:31-37)가 나오고, 그 직후에 '맹인 치유 이야기'(막 8:22-26)가 나온다는 점에서, '④ 눈이 있어도 보지 못하며 귀가 있어도 듣지 못하느냐'는 예수님의 질책에 '맹인과 귀머거리가 치유된 것처럼 제자들의 마음의 눈과 귀가 열리기를 바라는 간절한 마음'이 묻어 있는 것이 느껴집니다.

이처럼 예수님은 비유라는 고차원적인 표현 방식으로 제자들의 이해도를 끌어올려, 그들이 말하는 사람의 의도를 제대로 파악할 수 있는 능력을 갖기를 바라셨습니다. 듣는 사람이 말하는 사람의 의중을 잘 파악하여 더 발전적으로 생각하고 말할 수 있는 사람이 되는 것, 궁극적으로 예수님의 제자다운 '복음 전문가'가 되도록 유도하신 것입니다.

예수님이 이러한 궁극적 목표를 달성하기 위해 일방적인 설교나 강의 방식을 사용하지 않으셨다는 데 주목해야 합니다. 예수님은 절대적 진리를 전하거나 궁극적인 목표를 달성하기 위해 자신의 말을 듣는 사람과 언제나 소통하셨습니다. 이는 말을 잘하고 싶은 우리에게 많은 생각거리를 안겨줍니다.

소통형 대화 방식의 모델

예수님은 하나님의 아들이십니다. 아들은 아버지를 닮기 마련입니다. 그렇다면 하나님 아버지의 대화 방식은 어떠하셨을까요? 구약성경에 담긴 이야기를 보면 하나님 아버지 역시 소통하는 대화 방식에 상당한 '내공'을 지닌 존재시라는 것을 느낄 수 있습니다.

크리스천이 아니더라도 '모세'라는 이름은 들어본 분이 많을 것입니다. 이집트에서 노예 생활을 하던 이스라엘 백성들을 이끌고 이집트를 탈출하는 과정을 이끈 지도자입니다.

사실 모세는 이스라엘 사람이면서 이집트 왕족으로 자란 독특한 배경을 가졌습니다. 부모에게 어쩔 수 없이 버려진 뒤, 어쩌다 이집트 바로 왕의 딸이 발견했고, 그래서 왕족으로 성장했습니다. 그런 모세였지만, 또 어쩌다 보니 살인자가 돼 도망자 신세가 됐고, 광야에서 양치기 생활을 하며 무려 40년의 긴 시간을 보내게 됩니다. 그렇게 해서 80세 노인이 된 모세 앞에 하나님이 등장합니다. 모세를 통해 이스라엘 백성들을 이집트로부터 탈출시키려는 계획이 서서히 드러나기 시작하는 것이죠.

구약성경의 '출애굽기'는 '애굽을 빠져나온다'(出)라는 의미입니다. 영어성경의 Exodus라는 책 제목처럼, 노예 생활을 하던 이스라엘 백성이 이집트를 빠져나오는 이야기입니다. 이스라엘 백성들이 이집트를 탈출할 때 지도자가 필요했는데, 하나님이 모세를 선택하셨던 것입니다.

재미있는 점은 하나님이 모세에게 이스라엘 백성을 인도해 애굽을 탈출하라고 말씀하셨지만, 모세가 반복해서 거절했다는 것입니다. 그 대화를 잠깐 볼까요? 출애굽기 3장 10절에서 14절입니다.

① 이제 내가 너를 바로에게 보내어 너에게 내 백성 이스라엘 자손을 애굽에서 인도하여 내게 하리라

② 모세가 하나님께 아뢰되 내가 누구이기에 바로에게 가며 이스라엘 자손을 애굽에서 인도하여 내리이까

③ 하나님이 이르시되 내가 반드시 너와 함께 있으리라 네가 그 백성을 애굽에서 인도하여 낸 후에 너희가 이 산에서 하나님을 섬기리니 이것이 내가 너를 보낸 증거니라

④ 모세가 하나님께 아뢰되 내가 이스라엘 자손에게 가서 이르기를 너희의 조상의 하나님이 나를 너희에게 보내셨다 하면 그들이 내게 묻기를 그의 이름이 무엇이냐 하리니 내가 무엇이라고 그들에게 말하리이까

⑤ 하나님이 모세에게 이르시되 나는 스스로 있는 자이니라 또 이르시되 너는 이스라엘 자손에게 이같이 이르기를 스스로 있는 자가 나를 너희에게 보내셨다 하라

꽤 길게 이어진 대화입니다. 하나님은 모세를 설득하는 과정에서 모세와 계속 질문을 주고받으셨습니다. 이 대화가 모세는 질문하고 하나님께서 답을 주시는 구조이다 보니, 대화의 방점은 자연스럽게 질문자인 모세에게 찍힙니다. 절대적 주권자인 하나

님이 일방적으로 "모세 네가 이스라엘 백성을 이끌고 애굽을 탈출해라. 내가 도와줄게"라고 말하시는 것이 아닙니다. 하나님은 모세의 질문을 전부 듣고 대답하시며, 모세를 설득하는 방식으로 대화를 진행하고 계십니다. 상대의 말을 충분히 듣고 충분히 대답하는 전형적인 소통형 대화 방식은 예수님뿐 아니라 하나님도 사용하신 대화 방식이라는 것을 우리는 이 성경을 통해서 확인할 수 있습니다.

더구나 이 대화는 성경 전체를 통틀어 하나님과 인간이 나눈 대화 중에 가장 깁니다. 출애굽기 3장 11절부터 4장 17절까지, 무려 장을 바꿔가며 이어지지요. 하나님이 절대자이심에도 불구하고, 그의 지시를 따라야 할 종을 설득하기 위해 인내심을 가지고 공을 들이시는 것입니다. 우리는 지금 시대의 사람 중에서 이런 리더를 만날 수 있을까요? 가깝게는 직장상사, 멀게는 각국의 정상들을 보더라도 이렇게 인내심을 가지고 소통의 대화를 이끌어가는 존재를 만나기란 쉽지 않습니다. 그래서 하나님의 대화 방식이 우리에게 더 큰 울림을 주는 것이 아닐까 생각됩니다.

잘 들어야 잘 질문할 수 있다

많은 사람들이 여전히 말은 입으로 하는 것이라고 굳게 믿고 있습니다. 기계적인 측면에서 말한다는 것은 입으로 하는 행위가 맞습니다. 말한다는 발화(發話) 행위는 입을 통해 이뤄지는 일이기 때문입니다. 하지만 근본적으로 말을 잘 하는 것이 입으로 만 해서 될 일이 아니라는 것을 우리는 생활 속에서 끊임없이 체험하고 있습니다. 만리장성보다 높게 느껴지는 직장상사와의 대화 장벽, 자기 할 말만 하고 귀를 닫아버리는 권력자들의 모습만 떠올려도 '입으로 말을 잘 하는 것'을 '말을 잘 하는 것'이라고 볼 수 없습니다.

그럼에도 불구하고 사람들은 말 잘 하는 법을 배우기 위해 '입으로 말을 잘 하는 방법'부터 찾으려 합니다. 목소리를 좋게 만들고 발음을 명확하게 하면 말을 잘 하게 되는 것이라고 착각하는 탓입니다. 스피치 교육 시장이 커지는 것이 이런 심리와 일견 맞닿아 있다고 생각됩니다.

하지만 본질적으로 말을 잘 한다는 것, 나아가 예수님처럼 말한다는 것은 듣기 좋은 목소리와 명확한 발음으로 나의 이야기만 계속 떠드는 것이 아니라는 사실을 우리는 앞에서 확인했습니다. 말은 입으로 하는 것이 아니라 귀로 하는 것이라는 말의 의미를 이제 확실히 아셨을 것입니다.

말을 귀로 한다는 것은 제대로 된 소통을 위한 절대적 기본이고 기준입니다. 상대의 말을 잘 듣고 그에 맞는 적절한 피드백을 줄 때, 말을 하는 사람도 말을 듣는 사람도 만족감을 느끼기 때문입니다.

많은 사람들은 손석희 앵커가 유명해진 이유가 잘 생기고 목소리가 좋아서라기보다, 우선 잘 듣고 적재적소에서 아주 날카로운 질문을 잘 던지기 때문이라고 생각합니다. 아마도 그 역시 이른바 '리즈 시절'에는 외모나 목소리로 관심을 끌었을 것입니다. 하지만 그가 환갑을 넘어선 지금도 대한민국 최고의 방송인으로 꼽히는 이유는 대화를 유도하고 상대방과 소통을 이끌어가는 능력 때문입니다. 이런 평가에 이견이 많지 않을 것입니다. 잘 들어야 잘 질문할 수 있다는 것을 잘 보여주는 예시인 셈입니다.

당신은 말을 입으로 하는 사람인가요, 아니면 귀로 하는 사람인가요? 말을 입으로만 하는 사람이라면 스튜디오 속 앵무새 시절의 저처럼 말하는 것이고, 말을 귀로 하는 사람이라면 손석희나 유재석처럼 소통을 잘 이끄는, 즉 경청에 근거한 말하기를 하고 있다고 생각하면 될 것입니다.

경청을 통해 핵심을 찌르는 질문을 할 수 있어야 합니다. 상대의 입에서 절대적 진리를 이끌어내는 예수님의 말하기를 그대로 따라 하기는 어렵겠지만, 일단 귀를 먼저 연 다음 말하는 것은 우리도 충분히 시도할 수 있습니다. 얼핏 보아도, 어딘가에 갇혀 있는 앵무새는 별로이지 않을까요?

기억하세요.

"말하기는 먼저 귀로 하는 것이다."

예수처럼 말하는 법, 우리의 말 품격을 위한 제1계명입니다.

나 중심이 아니라
너 중심으로 말하라

말을 한다는 것은 파트너가 앞에 존재한다는 걸 전제로 합니다. 아무리 수려하게 말을 잘 해도 벽을 보고 말한다면 생명력이 없습니다. 말하기는 의사소통의 행위이고, 동시에 말을 하는 나와 듣는 상대방의 관계가 설정되는 행위입니다. 소통과 관계가 전제될 때만 제대로 된 말하기가 이뤄질 수 있습니다.

그렇기 때문에, 의사소통의 행위이며 관계 설정의 과정으로서 말하기는 나 혼자 말한다고 되는 일일 수 없습니다. 나의 말을 듣는 상대방의 존재와 나의 말에 대한 상대방의 반응, 이에 대한 나의 반응이 선순환적으로 이뤄져야 하는 일입니다. 아무리 말을 잘해도 벽에 대고 떠드는 것처럼 자기 말만 하면 의미있는 말하기가 될 수 없습니다. 반대로, 말하는 기술은 조금 떨어지더라도 상대방의 말에 귀를 기울이면 벽을 보고 떠들기보다 매력적인 말하기가 될 수 있습니다. 그래서 소통에서 정점을 찍는 말하기는 '나 중심'이 아닌 '너 중심'의 말하기가 될 수밖에 없습니다.

내 친구의 이름, '고맙습니다'

제게는 언제나 고맙다는 말을 입에 달고 사는 친구가 있습니다. 이 친구는 어떤 상황이 벌어져도 늘 '고맙습니다'라고 말합니다. 옆에서 보기에 별 고마울 것 없는 상황이어도 고맙다고 말합니다. 궁금해서 언젠가 한 번 물어보았습니다.

"넌 뭐가 그렇게 고마운 게 많냐?"

친구의 답이 가관이었습니다.

"고맙긴 뭐가 고마워. 그냥 하는 말이지. 돈 드는 일도 아닌데."

사실 조금 실망스럽기도 했지만, 뭔가 사회생활에 중요한 팁을 얻은 것 같다는 느낌이 들어 놀라기도 했습니다.

친구의 모습이 어떤 면에서는 가식적일 수 있지만, '고맙습니다'라는 기계적인 표현이 이 친구의 이미지에 상당히 긍정적인 영향을 끼친 것은 어쨌든 사실입니다. 언제나 어떤 상황에서나 감사를 표현할 줄 아는 사람, 상대방을 배려할 줄 아는 사람이라는 이미지가 이 친구에게 씌워진 것입니다. 이런 걸 의도적으로 노렸다면, 이 친구는 정말 굉장한 처세술을 가진 사람입니다. 솔직히 거기까지 의도한 것인지는 모르겠습니다. 다만, 자기와 상대방의 대화를 통해 어떤 결과가 나왔을 때, 그 결과가 나로 인한 좋은 결과든 상대방으로 인한 나쁜 결과든, 잘된 일은 상대의 공으로, 잘못된 일은 자기 탓으로 말하는 그 친구의 말버릇은 굉장히 효과가 커 보였습니다. 그 친구 말처럼 돈 드는 일도 아닌데, 돈으로 살 수 없는 사회생활의 가치를 얻게 됐다는 점에서 그렇습니다.

그를 보고, 저 역시 비슷하게나마 따라해보려고 노력한 시절이 있었습니다. 그냥 누군가 옆구리를 툭 치면 자동반사적으로 "고맙습니다"라는 말이 튀어나오게끔 생활했던 것이죠.

방송국 문화부에서 영화 담당 기자 생활을 할 때였습니다. 당시 제가 주로 만나는 사람들은 유명한 영화감독이나 배우들이었습니다. 저보다 유명한 건 당연하고 화려한 일상에 익숙한 사람들이기 때문에, 일단 제가 숙이고 들어가야 그들과 가까워질 수 있을 것 같다는 생각이 들었습니다. 그래서 어떤 상황이든 대충이라도 웃으며 "고맙습니다"라는 말을 그들 앞에서 하고 다녔습니다. 그랬더니 언제부터인가 "저 친구는 기자인데 기자 같지가 않네?"라는 말이 들렸습니다. 인터뷰한 다음 헤어지면서 "수고하세요"라는 말 대신 "고맙습니다"라고 말하곤 했으니 그럴 법도 했습니다. 아마도 그때부터였던 것 같습니다. 저의 충무로 생활이 탄력을 받으며 재미로 물들기 시작한 시기 말이지요.

한창 충무로의 일상에 재미가 들었을 무렵, 영화 기자들 사이에서 꽤나 관심사가 되는 프랑스 칸 영화제의 취재 준비가 시작됐습니다. 사실 영화 전문 기자가 아닌 일반 방송 기자가 굳이 프랑스 칸까지 출장을 가야 할 이유는 많지 않습니다. 한국 영화가 경쟁 부문에 후보로 올라 있다고 해도 외신에서 화면을 확보할 수 있습니다. 출장을 가지 않아도 방송하는 데는 문제가 없습니다. 더욱이 한국영화가 최고 작품상인 황금종려상을 수상하는 이변이 발생하더라도 파리나 유럽 지역 특파원이 가서 취재하면 됩니다. 그렇다 보니 서울의 본사에서 굳이 천만 원이 넘는 돈을 들여 출장 인력을 파견할 이유가 없는 셈입니다.

그래도 저는 한번쯤은 칸 영화제를 취재하고 싶었습니다. 하지만 회사에서는 비용을 대지 못하겠다는 입장이었습니다. 그래도 해보고 싶다고 우겼더니, 항공료와 숙박비 협찬을 받아오면 출장은 보내주겠다는 단서가 붙었습니다. 하지만 이 문제를 해결할 만한 마땅한 답이 없어 아쉬워하고 있었습니다.

얼마 뒤, 다른 언론사의 선배에게서 전화 한 통이 왔습니다. 한 영화 배급사 대표가 "볼 때마다 고맙다고 말하는 그 기자도 같이 칸에 가면 좋겠다. 비행기 표와 숙소를 제공하겠다"라는 말을 했다는 겁니다. 그러니 함께 출장을 가자는 것이었습니다. "할렐루야!" 말도 안 되는, 생각지도 못한 일은 그렇게 벌어졌습니다. 돌이켜보면 저는 '고맙습니다' 몇 마디로 생애 첫, 그리고 마지막이될 칸 영화제 취재를 할 수 있었습니다.

'고맙습니다 대화법'을 한 문장으로 정리하면, 잘 된 일이든 고마운 것이든 내가 잘 해서나 잘 나서가 아니라 상대방 덕분이라고 공로를 돌리는 화법이라고 할 수 있습니다.

제가 친구에게서 배운 '고맙습니다' 대화법의 위력을 칸 영화제 전후에 직접 체감한 뒤, '고맙습니다'를 대화의 중심에 놓는 버릇을 더 들이려고 무던히 노력했습니다. 그런데 이게 참 말이쉽지, 화가 나고 짜증도 나는데 상대방에게 무조건 고맙다는 말을 하기는 어렵습니다. 인사치레라 해도 쉬운 일이 아닙니다. 돈도 안 드니 쉽게 할 수 있을 것 같지만, 말처럼 쉽지 않은 일이죠. 이유는 단순합니다. 인간의 자기중심성이 삶의 모든 측면을 장악하고 있는 속성이기 때문입니다. 그래서 우리는 이제부터 고민해야 합니다. '나 중심'이 아닌 '너 중심'의 대화법을 어떻게 이끌어갈 수 있을지에 대해 말이죠. 우리는 지금부터 '고맙습니다'를 입에 다는 대화법을 '너 중심의 대화법'이라고 부르기로 합시다.

'너 때문'과 '네 덕분'의 차이

해마다 노벨문학상 시즌이 되면 한국인 수상자가 나올지 여부가 초미의 관심사로 떠오릅니다. 사실 이게 누구의 관심사인지는 정확히 모르겠습니다. 한국 사람들의 일반적인 관심사라기보다 한국 정부의 관심사에 조금 더 가깝지 않은가 하는 느낌도 듭니다. 더욱이 해마다 이 시즌이 되면 유일하게 한국인 후보로 거론되는 고은 작가가 지금은 대중적 인기가 그리 높은 사람은 아니라는 점에서, 어떤 근거로 후보로 거론되는 것인지 의아해 하는 사람도 적지 않기 때문입니다. 국내외 비평가들의 글들을 보면 그렇게 느껴지기도 합니다.

한국 문학이 왜 노벨 문학상을 받지 못하느냐는 문제를 놓고 여러 분석이 나오지만, 가장 흔히 접할 수 있는 분석은 한국어를 외국어로 번역할 때 한국어 특유의 맛을 살려내지 못한다는 것입니다. 번역본으로 심사하는 사람들에게 작품 본연의 맛이 전달되지 않기 때문이지요. 얼마나 사실에 가까운 분석인지 모르겠지만 그럴싸하게 들리긴 합니다. 얼핏 생각해보아도 '붉은 노을'과 '불그스름한 노을'의 미묘한 차이를 작가의 의도에 적확하게 번역하는 것이 간단한 문제는 아닐 것 같습니다.

노벨 문학상과 한국어 특유의 맛에 대해 이야기를 꺼낸 이유는 '너 중심의 대화법'을 이야기할 때도 한국어의 특성을 고려해 더 의식적으로 접근해야 하기 때문입니다. '아' 다르고 '어' 다른 한국어의 특성을 생각해볼 필요가 있는 것입니다.

예를 들어 영어의 'Because of you'는 '너 때문에'로 번역할 수 있지만 '네 덕분에'로 번역할 수도 있습니다. 그런데 '너 때문에'는 원인이나 책임의 탓을 돌리는 뉘앙스가 담겨 있고 '네 덕분에'는 상대방에 대한 감사의 의미가 있습니다.

우리가 이 책에서 추구하려는 말하기는 '네 덕분에'의 콘셉트에 가깝습니다. 소통을 위한 태도로서 '너 중심'에 대해 고민하려는 것입니다. 같은 말을 하더라도 '너 때문'이 아닌 '네 덕분에'라는 의미가 깔려 있는 '너 중심의 대화'가 우리가 도달하려는 할 말하기의 목적지인 것입니다. 이것이 예수님처럼 말하는 센스이자 품격의 기본이라고 할 수 있습니다.

'너 중심'으로 말하시는 예수님

예상하셨겠지만, 예수님은 '너 중심'의 대화법을 매우 잘 활용하신 분이었습니다. 이번에는 예수님의 옷에 손을 대고 치유를 받은 여성 이야기의 현장으로 가보겠습니다.

25열두 해를 혈루증으로 앓아 온 한 여자가 있어 26많은 의사에게 많은 괴로움을 받았고 가진 것도 다 허비하였으되 아무 효험이 없고 도리어 더 중하여졌던 차에 27예수의 소문을 듣고 무리 가운데 끼어 뒤로 와서 그의 옷에 손을 대니 28이는 내가 그의 옷에만 손을 대어도 구원을 받으리라 생각함일러라 29이에 그의 혈루 근원이 곧 마르매 병이 나은 줄을 몸에 깨달으니라 30예수께서 그 능력이 자기에게서 나간 줄을 곧 스스로 아시고 무리 가운데서 돌이켜 말씀하시되 누가 내 옷에 손을 대었느냐 하시니 31제자들이 여쭈오되 무리가 에워싸 미는 것을 보시며 누가 내게 손을 대었느냐 물으시나이까 하되 32예수께서 이 일 행한 여자를 보려고 둘러 보시니 33여자가 자기에게 이루어진 일을 알고 두려워하여 떨며 와서 그 앞에 엎드려 모든 사실을 여쭈니 34예수께서 이르시되 딸아 네 믿음이 너를 구원하였으니 평안히 가라 네 병에서 놓여 건강할지어다 _마가복음 5:25-34

전후 맥락을 보면 이 대화는 굉장히 어수선한 때에 나눈 것입니다. '큰 무리가 그에게로 모이고'(막 5:21) '큰 무리가 따라가며 에워싸 미는'(5:24) 복잡하고 혼란스러운 상황이었습니다. 그런 때에 열두 해 동안 혈루증을 앓아온 여인이 예수님의 옷에 손을 댔고 치유가 됩니다. 이 여성은 '두려워하여 떨며 와서 그 앞에 엎드려 모든 사실을 여쭈었고'(5:33) 예수님은 이렇게 말씀하셨습니다.

딸아 네 믿음이 너를 구원하였으니 평안히 가라 _마가복음 5:34

마지막 말씀에서 우리가 주목해야 할 부분은 '네 믿음이'입니다. 혈루병에 걸린 이 여성이 치유된 것은 예수님의 능력 때문이었습니다. 하지만 예수님은 "나의 능력으로 네가 치유된 것"이라고 말씀하시는 대신 "너의 믿음 때문에 네가 치유된 것"이라고 말씀하셨습니다. 원문 해석으로 더 깊이 들어가면 또 다른 해석을 더할 수 있겠지만, 일단 '너 중심의 대화'가 무엇인지 가장 쉽게 보여주는 예라고 할 수 있습니다.

특히 이 상황이 많은 군중들 틈바구니에서 이뤄졌다는 점을 보면, 예수께서 물리적으로도 많은 사람 중에서 이 여성 한 사람에게 초점을 맞추신 대화라는 점에 집중할 필요가 있습니다. 이 여성이 '딸아'라고 부르신 예수님의 호칭을 통해 예수님을 따르는 가족처럼 대접받게 되었다는 점도 의미 있게 여겨집니다. 어떻게 보면 사소할 수도 있는데, 우리가 사는 지금의 시선(視線)으로 보면 상당한 디테일까지 신경을 쓰신 대화라고 볼 수 있습니다. 말 한 마디와 단어 하나 하나에 세밀하게, 아주 깊은 의미를 담고 있는 셈입니다.

예수님은 사도 바울을 선택할 때도 바울 한 사람에게 집중했습니다. 바울은 그리스도를 따르는 사람들을 처형하기 위해 다메섹으로 가던 길에 예수님의 목소리를 듣게 됩니다. 그리스도를 박해하던 사람이 역사상 가장 훌륭한 복음 전파자로 탈바꿈하게 되는 매우 의미가 큰 사건이 벌어진 것이죠. 놀라운 것은 이때 예수님의 목소리를 바울만 들었고, 바울 옆에서 같이 있던 사람들은 전혀 듣지 못했다는 점입니다.

[8]내가 대답하되 주님 누구시니이까 하니 이르시되 나는 네가 박해하는 나사렛 예수라 하시더라 [9]나와 함께 있는 사람들이 빛은 보면서도

나에게 말씀하시는 이의 소리는 듣지 못하더라 _사도행전 22:8-9

같은 장소, 같은 시간에 있던 사람들에게는 단지 빛만 비칠 뿐 아무 목소리도 들리지 않았습니다. 신약 성경의 역사에서 가장 중요한 사건으로 꼽히는 이 장면에서도 예수님은 바울 한 사람에게만 초점을 맞추셨습니다.

예수님의 '너 중심 대화 방식'은 시각장애인 바디매오가 고침을 받는 기사에서도 분명히 드러납니다.

[47]나사렛 예수시란 말을 듣고 소리 질러 이르되 다윗의 자손 예수여 나를 불쌍히 여기소서 하거늘 [48]많은 사람이 꾸짖어 잠잠하라 하되 그가 더욱 크게 소리 질러 이르되 다윗의 자손이여 나를 불쌍히 여기소서 하는지라 [49]예수께서 머물러 서서 그를 부르라 하시니 그들이 그 맹인을 부르며 이르되 안심하고 일어나라 그가 너를 부르신다 하매 [50]맹인이 겉옷을 내버리고 뛰어 일어나 예수께 나아오거늘 [51]예수께서 말씀하여 이르시되 네게 무엇을 하여 주기를 원하느냐 맹인이 이르되 선생님이여 보기를 원하나이다 [52]예수께서 이르시되 가라 네 믿음이 너를 구원하였느니라 하시니 그가 곧 보게 되어 예수를 길에서 따르니라 _마가복음 10:47-52

바디매오는 예수님을 향해 소리를 지르며 자신을 불쌍히 여겨 달라고 합니다. 그러면서 예수님을 '다윗의 자손'이라고 호칭합

51

니다. 메시야라는 예수님의 정체성에 대해 이 사람이 분명히 인식하고 있다는 걸 드러낸 말입니다.

유대인 중 지배층인 바리새인들이 예수님의 정체를 의심하고 배척할 때, 사회적 약자 중의 약자인 맹인이 예수님을 메시아로 인식했다는 것은 참 많은 시사점을 안겨줍니다. 그런데 많은 사람들이 그를 꾸짖습니다. 시끄럽게 굴지 말라는 것이었겠죠. 하지만 예수님은 그를 불러 원하는 것을 물으시고 그 소원을 들어주십니다. 그러면서 또 이렇게 말씀하십니다.

네 믿음이 너를 구원하였느니라 _마가복음 10:52

이번에도 마찬가지 패턴입니다. 치유의 능력은 예수님이 펼치셨지만, 그것이 가능했던 것은 '나(예수님)의 능력' 덕분이라기보다 '너(맹인 바디매오)의 믿음'으로 인한 것이라고 하신 것입니다. 그리고 이 맹인은 예수님을 따르면서 제자가 됩니다.

혈루병에 걸린 여인이 치유되고 맹인 거지가 눈을 뜨는 이 두 기적은 이렇게 예수님의 '너 중심의 대화' 중에 발생합니다. 우리는 여기서 굉장한 사실을 확인할 수 있습니다. '너 중심의 대화'가 사람을 살리는 대화 방식이라는 것을 말이죠. '너 중심의 대화'에 생명력이 있는 것입니다. '너 중심의 대화'는 이렇게 파급력이 큰 잠재력을 가지고 있습니다.

군중 속에서도 한 사람에게 집중하는 대화 전략

예수님의 대화는 대부분 일대다(一對多)의 상황에서 벌어집니다. 적게는 셋 또는 열두 명의 제자들과 함께 했을 때이고, 많게는 다수의 군중들이 모였을 때 하신 것입니다. 특이한 점은 일대다의 상황에서도 예수님의 대화는 대부분 한 사람에게 초점이 맞춰진다는 것입니다. 다수와 함께 한 상황에서도 특정한 한 사람과 소통하시는 방식입니다.

앞에서 인용한 두 가지 치유 기사는 모두 일대다인 상황에서 일대일의 대화를 담고 있습니다. 한 사람이 고침을 받는다는 면에서 치유 기사는 기본적으로 일대일의 대화가 불가피하지 않느냐고 반문할 수 있지만, 예수님의 모든 치유가 일대다의 상황에서 일대일의 대화 형식으로 진행됐다는 점을 그저 우연으로만 봐야 할까요?

우리는 전 세계 수억 명의 크리스천 가운데 한 사람에 불과합니다. 예수님의 가르침을 따르는 수많은 사람 가운데 하나인 것이죠. 숫자 기준으로 봤을 때 전 세계 인구의 3분의 1을 차지하는 크리스천 가운데, 나 자신은 아주 미약한 한 사람일 뿐입니다.

그런데 우리는 예수님과 어떤 방식으로 대화를 하나요? 일대일의 대화를 매일 매순간 합니다. 기도를 통해서 말이죠. 다른 식으로 표현하면 크리스천은 기도라는 형식을 통해 절대자와 일대일로 대화하며, 마치 '일대일 과외'를 받는 것이나 마찬가지인 복을 누리는 셈입니다. 이런 점에서, 크리스천은 하나님과 사람들 사이의 일대다 상황에서 일대일로 대화하는 특권을 받은 사람들입니다. 예수님의 소통 방식은 이처럼 기본적으로 일대다의 상황 속에서도 일대일로 소통하는 형태입니다.

성경은 이 세상의 창조주를 하나님이라고 기록하고 있습니다. 세상이 창조된 것이라는 성경적 세계관은 지난 2천년 넘게 서구 세계를 지배해온 관념이기도 합니다. 따라서 굳이 크리스천의 시각으로 예수님의 대화 방식을 논할 필요는 없습니다. 단지 세계인의 한 사람으로서 보더라도 예수님의 대화 방식이 가진 장점을 이해하는 데는 별 문제가 없습니다. 크리스천의 눈으로 보나 아닌 사람의 눈으로 보나, 하나님이 보여주신 '너 중심의 대화 방식'의 장점이 달라지지는 않기 때문입니다.

하지만 사람이 절대자의 소통 방식을 멋모르고 따라할 수는 없습니다. 단언컨대 불가능합니다. 하지만 크리스천답게 품격있는 말을 잘 하고 싶어하는, 다시 말해 예수님처럼 말하고 싶은 크리스천에게는 굉장히 큰 힌트를 안겨줍니다. 한 사람과 대화하든 다수와 더불어 대화하든, 각각의 대화 참여자와 일대일로 직접적으로 소통하려는 노력을 해야 한다는 점입니다.

수백 명에서 수천 명을 대상으로 강의하는 전문 강사가 자기 강의를 듣는 사람들에게서 열광적인 반응을 이끌어내는 주된 비결은 그 강사만의 카리스마, 즉 능력 때문입니다. 하지만 명강사

일수록 대체로 청중들의 반응을 굉장히 민감하게 받아들이며, 미리 준비한 강의안대로 대화를 이끌어가기보다 청중의 반응에 따라 순발력 있게 조절하는 경우가 많습니다. 어떤 상황에서든 즉각적으로 소통하며 대화를 주체적으로 이끌어가는 것입니다. 이런 소통이 가능한 것은 결국 일대다의 상황에서도 일대일에 초점을 맞추려는 관심과 노력이 있기 때문입니다.

개인주의와 이기주의에 익숙한 우리가 상대방을 중심에 놓는 대화를 능수능란하게 펼친다는 건 결코 쉽지 않습니다. 일개 피조물인 우리가 혼란스러운 상황에서 예수님처럼 일대일로 한 사람에게 초점을 맞추며 성공적으로 메시지를 전달하기란 어렵습니다. 그럼에도 불구하고 나보다 상대방에게 초점을 맞추며 훌륭하게 대화를 이끄는 사람들을 보면, 너 중심의 대화가 소통을 위해 결코 간과해선 안 될 일이라는 점을 새삼 느낍니다.

예수 그리스도를 모델 삼아 크리스천다운 말의 품격을 갖춘다는 것이 어렵게 느껴지시나요? 얼핏 보아도 복잡한 일 같습니다. 하지만 이것만 기억하면 쉽고 간단해질 수 있습니다.

"나 중심이 아니라 너 중심으로 말하라."

예수처럼 말하는 법, 우리의 말 품격을 위한 제2계명입니다.

애드리브에 의지해서
말해선 안 된다

주일예배 설교를 15분 만에 준비하는 목사님이 있었습니다. 그분은 목사님들이 가장 공을 들이기 마련인 주일예배 설교를 15분 만에 준비한다는 것을 자랑스럽게 말하곤 했습니다. 심지어 이런 이야기를 설교 중에 하기도 했습니다. 결과는 어땠을까요? 그 교회의 성도는 시간이 갈수록 줄어들었고, 담임목사님의 설교보다 부목사님의 설교를 더 기대한다는 말이 나오기도 했습니다. 잘 준비되고 정제된 설교가 아니라 현장에서 즉흥적으로 하는 애드리브(ad lib) 성격의 설교를 기대하는 성도는, 직접 세어보지는 않았지만, 그리 많지 않을 것입니다.

설교든 방송이든 강연이든, 모든 말하기에서 철저한 사전 준비는 너무도 당연한 기본입니다. 무엇보다 중요한 것은, 내가 해야 하는 말하기의 상황과 특성에 맞추어 철저하게 '총알'을 준비하는 것입니다. 총알이란 말하려는 내용(정보와 지식)입니다.

물론 아무리 철저한 준비를 해도 돌발적인 상황이 생길 수 있습니다. 그럴 때는 자신이 가진 개인기를 활용해 해결해야 합니다. 이런 즉흥적인 말하기를 방송 용어로 '애드리브'(ad lib)라고 합니다. 실전에서 예상치 못한 일이 생길 때, 애드리브로 대처하면 되는 것입니다. 다만 말하는 내용인 '총알' 준비가 우선이고, '애드리브'는 임기응변에 불과한 재주일 뿐입니다.

그런데 만약 이것이 뒤바뀐다면 어떻게 될까요? 준비는 대충하고 실전에서 애드리브에 의존하는 상황은 주일설교를 15분 만에 준비하고 나머지는 강단에서 애드리브로 말하는 어떤 목사님의 설교시간과 다를 바 없습니다.

애드리브의 축복과 저주

생방송으로 24시간 뉴스를 전하는 회사에서 방송을 시작하고 배웠다는 것은 제게 축복인 동시에 저주였습니다. 맨땅에 헤딩하면서 말하기에 대해 익히고 깨달은 것이 축복이었다면, 생방송의 특성을 활용해 대충 애브리브를 치며 시간을 때우는 방법을 알게 된 것은 저주였습니다. 돌이켜 보면 저는 축복과 저주 속에서 방송을 배웠고 말하기를 익혔던 셈입니다.

먼저, 애드리브가 축복이 된 경우입니다.

저는 기본적으로 말을 잘 하지 못하는 사람이었습니다. 타고난 성격은 워낙 급해서 조금만 마음이 불안해지면 말부터 빨라지곤 했습니다. 그래도 글을 읽고 쓰는 것에는 익숙해서 어느 정도 논리성은 갖추고 있었지만, 그걸 표현하는 능력에서는 급한 성격 탓에 상당한 결격 사유를 가진 사람이었습니다. 성격이 급해 말이 빠른 사람들은 '많은 것을 빨리' 말하려다 정작 중요한 상황에서 생각을 전달하지 못하는 경우가 많기 때문입니다. 이런 제가 24시간 생방송 뉴스만 제작하는 회사에서 일을 시작했다는 것은 저를 발전시킬 수 있는 절호의 기회였습니다.

지상파 방송에서는 뉴스가 전체 프로그램 가운데 일부이지만, 제가 일했던 곳은 전체가 뉴스였기 때문에 방송할 기회가 많았는데, 특히 생방송의 기회가 많았습니다. 입사하자마자 현장에서 생방송을 배우고 익히다 보니, 언제부터인가 카메라 앞에서 마이크를 손에 쥐고 즉흥적으로 말하는 것에 익숙해졌습니다. 저는 그런 과정을 거쳐, 입사한 지 몇 년 지나지 않아 뉴스 앵커 자리에 앉게 되었고, 방송을 진행하면서 즉흥적으로 말하는 '애드리브'의 재미까지 익히게 됐습니다.

애브리브를 '잘 치는' 능력은 생방송을 하는 사람에게는 사실 굉장한 재능으로 작용합니다. 특히 대형 화재나 재난 사건이 터진 급박한 상황에서 애브리브를 활용해 매끄럽게 대응하면 방송의 완성도가 높아질 뿐 아니라 진행자의 몸값도 높아집니다. '아, 저 사람은 방송에서 어떤 상황이든 대처가 가능한 친구로구나' 하는 인식이 방송하는 사람들 사이에서 자리잡게 되는 것입니다.

저도 모르게 본능적으로 애브리브를 잘 치고 특정 돌발 상황에 잘 대처하고 나면 짜릿한 성취감을 맛볼 수 있습니다. '성격이 급해서 말도 제대로 못하던 내가 이제 이 정도로 성장했구나' 하는 자부심을 느끼게 되는 것이죠. 여기까지는 문제가 없습니다. 스스로에 대한 만족감을 자신감으로 승화시켜, 더 좋은 방송을 위해 애드리브를 적절히 활용하면 되기 때문입니다. 하지만, 이 애드리브라는 녀석은 약이면서 독이 될 수도 있다는 위험성이 있습니다.

어떤 대화, 방송, 강연 등에 대해 사전에 충실히 차분하게 준비를 하는 것은 말을 업으로 삼는 사람에겐 기본 중의 기본입니다. 그런데 애드리브에 익숙해지면 무의식적으로 애드리브에 의존하게 되고, 충실한 방송 준비 대신 즉흥적인 상황 대응에 더 주력하게 됩니다.

여기서 잠시 애드리브의 사전적 정의를 짚어보고 가겠습니다. 출처는 '네이버 지식백과'입니다.

공연 도중에 말하는 즉흥적인 대사이다. 특히 배우가 공연 도중에 대사를 잊어버리는 등의 돌발 상황이 생겼을 때 즉흥적으로 말하는 대사를 말한다. 배우는 대사를 잊어버려 극의 흐름이 중단될 위기를 즉흥적인 대사로 모면하게 된다.

애브리브는 말 그대로 즉흥적인 상황 대처용이어야 합니다. 말하기의 본질이 아닙니다. 본질적인 말하기에 집중하다가, 어떤 예상치 못한 상황에서 순간적인 대응을 하는 용도로 활용해야 하는 것입니다. 그러므로 우리의 말하기에서 애드리브가 우선이나 중심이 되면 주객이 바뀌게 됩니다.

저 역시 방송에 자신감이 붙고 애드리브를 어느 정도 편하게 사용하는 상황이 되자, 방송 전에 방송을 준비하는 긴장감 있는 시간에도, 저도 모르는 사이에 마음가짐이 느슨해지기 시작했습니다. 부수적인 것에 의지하면서 정작 중요한 중심을 놓치기 시작한 것이지요.

그렇기 때문에 우리는 즉흥적으로 머릿속에서 떠오르는 대로 이야기하는 애드리브에 의존하기보다, 내 안에 잘 준비돼 차곡차곡 쌓여 있는 이야깃거리, 즉 말거리를 때에 맞게 잘 끄집어내는 노력과 연습을 많이 해야 합니다. 자기가 입으로 말하는 내용이 순간적인 순발력에서 나오는 것이 아니라, 아주 잘 준비된 상태에서 나와야 한다는 뜻입니다.

저는 이런 말거리 또는 글거리를 앞에서 언급했듯이 '총알'이라고 부르겠습니다. 전쟁터에 나가는 군인이 총알이 충분히 든

총을 들고 나가야 하는 것처럼, 우리는 말거리와 글거리라는 총알을 잘 챙겨서 방송이든 강연이든 사적 대화든, 말하려는 장소로 나가야 하는 것입니다.

총알 없이 인터뷰했다가 망신당하다

2009년, 영화 담당 기자로 일할 때였습니다. 그해에 가장 히트를 친 영화는 윤제균 감독의 '해운대'였습니다. 천만 관객을 기록하면서 굉장한 인기몰이를 했던 작품입니다. 저는 당시 감독과 배우를 인터뷰해야 했는데, 윤제균 감독을 먼저 인터뷰하고 주연 배우들을 한 명씩 인터뷰하는 순서였습니다.

워낙 바쁜 배우들의 시간을 따로 빼기 어려운 상황이어서, 4개 방송사의 기자들이 함께 인터뷰를 진행했습니다. 그때 인터뷰했던 주연 배우가 박중훈 씨였습니다.

저는 박중훈 씨에 대한 인물 기사를 쓸 계획이어서 영화 자체보다 박중훈이라는 배우에 대한 질문을 주로 던졌습니다. 문제는 제가 그날 인터뷰를 하기 위한 준비가 제대로 되어 있지 않았다는 것이었습니다. 유명 배우를 인터뷰하면서 질문에 대한 고민을 안 했다는 것은 어떤 면에서 직무유기에 해당합니다.

인터뷰할 대상을 잘 모르고 고민을 안 했으니 제대로 된 질문이 나올 리가 없었습니다. 박중훈 씨가 어떤 이야기를 할 때마다 저는 번번이 헛발질하는 질문을 했고, 인터뷰 막판에는 저의 바보 같은 질문 때문에 그가 답답하다는 듯한 표정을 짓기도 했습니다. 저는 지금도 그날 제가 한 이 마지막 질문을 떠올리면 몹시 부끄러워, 누웠다가도 이불 안에서 발길질을 합니다.

"아직 코미디 배우 이미지가 있다는 지적은 어떻게 생각하세요?"

박중훈 씨는 조금 어이없다는 듯한 반응이었고, 인터뷰 장소에 있던 모든 사람이 저를 쳐다보았습니다. 바보 같다 못해 그 상황에 어울리지 않는 무례한 질문이었던 것이죠.

몇 년 뒤 박중훈 씨는 감독으로 데뷔했습니다. 지나고 보니, 제가 연기자로서의 경험을 발판 삼아 감독이 될 준비를 하던 사람에게 코미디 배우 이미지가 어쩌니 하는 질문을 했던 것입니다. 소통하는 대화라는 측면을 고려하지 않더라도, 그날의 인터뷰는 상대방을 이해하지 못하고 상대방의 이야기를 제대로 경청하지 못했을 때 벌어지는 전형적으로 나쁜 소통의 결과였던 셈입니다. 어설프게 애드리브로 인터뷰를 이끌어가려고 했던 저는 보기 좋게 유명 배우 앞에서 망신을 당했습니다.

그렇다면 우리는 대화할 때 어떤 이야기를 준비하며 어떻게 대화를 이어가야 할까요? 대화를 이끌어가는 주도력과 소통력을 높이는 질문 능력은 어떻게 높일 수 있을까요?

우리는 이미 정답을 알고 있습니다. 미리 준비를 잘 하는 것입니다. 총알을 넉넉히 준비하는 것이지요. 그러면, 총알을 준비한다는 것은 어떤 측면에서 어떤 준비를 하는 것일까요?

말하기의 종류를 구분하는 기준이 다양하겠지만, 여기서는 '공식적인 말하기'와 '비공식적인 말하기'로 구분해서 총알 준비 이야기를 해보겠습니다.

공식적 말하기를 위한 총알 준비

공식적인 말하기(Official Speech)는 말 그대로 사무적인 말하기입니다. '오피셜'(Official)하다는 것은 일 또는 직책과 관련이 있다는 뜻이지요. 제가 기자와 앵커로 일할 때 공식적인 말하기는 방송이었고, 지금의 제게 공식적인 말하기는 강연 또는 강의에 해당합니다. 목회자의 설교, 직장인이나 사업가의 프레젠테이션, 학교나 회사에 들어가기 위한 면접도 넓게 보면 공식적인 말하기에 해당됩니다.

공식적인 말하기도 '사전에 예정된 말하기'와 '돌발 상황의 말하기'로 구분할 수 있습니다. 예정된 말하기는 어느 정도 준비가 가능합니다. 대화를 주체적으로 이끌어갈 수 있도록, 사전에 총알을 준비할 시간이 충분합니다. 목회자라면 어떤 설교를 할 것인지, 회사원이라면 어떤 아이템을 가지고 회사 안에서나 거래처에서 프레젠테이션을 할 것인지, 취업준비생이라면 면접하러 갈 때 어떤 질문이 나올지 예상한다든지, 사전에 준비가 가능하다는 것이지요. 제가 기자로 일하던 때에 인터뷰를 미리 준비하는 것도 마찬가지 경우입니다. 그래서 '총알'은 어떤 말을 어떻게 해야 할지 고민하고 준비할 시간이 충분할수록 준비하기가 쉽습니다. 마음과 의지의 문제일 뿐입니다.

가끔 지인들로부터 이런 이야기를 듣습니다. 자신이 다니는 교회에서는 담임목사님의 설교보다 전도사님의 설교가 더 은혜롭게 느껴질 때가 가끔 있다는 것입니다. 그래서 "전도사님이 설교를 얼마나 자주 하느냐?"고 물으면 대체로 몇 달에 한 번이라고 합니다. 그러면 저는 이렇게 대답합니다.

"전도사님이 몇 달 동안 준비하신 설교이니 얼마나 알차겠어요?"

일주일에 여러 개의 설교를 쉴 없이 준비해야 하는 담임목사님과, 몇 달에 한 번 준비해도 되는 전도사님이 설교 준비에 투자할 수 있는 시간의 질과 양은 전혀 다릅니다. 아무리 담임목사님이 경력이 많고 말씀에 대한 통찰이 깊다고 하더라도, 상황과 사람에 따라서는 몇 달 동안 치밀하고 촘촘하게 준비한 초보설교자의 설교보다 아쉽게 느껴질 수도 있는 것입니다. 이건 목회자의 설교 능력 문제를 말하려는 것이 아니라, 준비할 시간의 여유를 얼마나 가지고 있느냐를 말하려는 것입니다. 물론 일반적으로는 관록이 쌓인 담임목사님의 설교에 비해, 경험이 부족한 전도사님이 아무리 오래 준비해도 더 잘 하긴 쉽지 않지요. 제가 여기서 단순하게 강조하려는 건, 전도사님이라도 한 번의 설교를 위해 몇 달 동안 수십 개의 총알을 준비할 수 있다는 것입니다.

공식적인 연설(스피치)에서 대화를 이끌어가는 능력을 얼마나 잘 보여주느냐는 그것(총알)을 준비하는 시간과 의지의 문제라고 볼 수 있습니다. 시간이 충분하고 잘 준비하겠다는 의지가 충만하다면 말의 총알은 얼마든지 알차게 준비할 수 있습니다.

취업이나 입시 면접 준비도 마찬가지겠지요. 예상 가능한 질문에 대한 답변을 사전에 얼마나 성실히 준비하느냐가 당락의 관건이 될 테고, 회사에서의 프레젠테이션 역시 충실하게 준비할 수 있는 시간과 의지에 따라 달라집니다. 그러므로 공식적인 말하기는 성실한 준비와 충실한 내용에 말하기의 기술을 잘 가미하면 어느 정도 대응력을 높일 수 있다고 결론내릴 수 있습니다.

돌발적으로 공식적인 말을 해야 할 때

문제는 예정되지 않은 상황에서 돌발적으로 공식적인 말을 해야 하는 경우입니다. 제가 2013년에 검찰 출입기자로 일할 때였습니다. 검찰이 전두환 전 대통령의 범죄 수익을 환수하겠다며 전 전 대통령의 자택을 압수 수색했습니다. 저는 서초동의 검찰청사에 있다가 갑자기 연희동으로 가라는 지시를 받고, 택시를 타고 부랴부랴 연희동으로 갔습니다. 가는 동안 회사에서 전화가 왔습니다. 이미 촬영팀은 도착해 있으니, 자택 앞에 도착하자마자 바로 라이브 방송을 하라는 것이었습니다. 이런 돌발 상황에서 나오는 반응이나 가능한 대응 방식은 두 가지입니다. 머리가 하얗게 변하는 것 같은 두려움에 휩싸일 것이냐, 아니면 1분이라도 미리 전두환 관련 자료를 찾아본 다음 마이크를 잡을 것이냐 하는 것이죠.

나 자신이 프로인지 아마추어인지 판단하는 기준은 사실 별것 아닙니다. 프로의식을 가지고 접근하는 것입니다. 저는 당연히 두 번째 방식으로 접근해야 합니다. 1분 동안이라도, 연희동에 도착하기 전에 단 한 개라도 관련 있는 기사를 찾아봐야 합니다.

연희동에 도착하니 전 대통령의 자택 주변은 이미 내외신 기자들로 북새통이었습니다. 저는 택시에서 내렸고, 현장에 도착해 있던 카메라 기자는 제게 인사에 앞서 마이크부터 건넸습니다. 저는 곧바로 방송을 시작해야 했습니다.

이런 때는 아는 것이든 모르는 것이든, 온갖 지식을 전부 동원해서 방송을 해야 합니다. 하지만 마치 내가 미리 다 준비했던 것처럼 말해야 합니다. 사전에 총알 준비를 해둔 것처럼 말이죠.

아래의 QR코드를 스마트폰 앱으로 찍으면 당시 제가 방송했던 뉴스 영상을 보실 수 있습니다.

그날 일과를 마치고 집에 돌아와 모니터를 해보니, 역시 사전에 준비한 방송과 돌발 상황에서 한 방송은 품질 면에서 달랐습니다. 저도 긴장을 해서 그랬는지 말이 빨라지고 목소리 톤이 평소 방송할 때보다 높았습니다. 다만 전달할 수 있는 정보는 얼추 전달을 했습니다. 여기서 중요한 점은 '돌발 상황에서 전달할 수 있는 정보의 범위'입니다.

어떤 이슈(issue)에 대해 거의 아무 것도 모르는 긴급 돌발 상황에서 정보를 전달해야 하는 스피커(Speaker)가 돼 말을 해야 할 때는 최대한 순간적으로 판단해서 자신이 전달할 수 있는 정보의 범위를 한정해야 합니다. 제가 그렇게 급하게 마이크를 잡았는데, 검찰이 지금까지 어떻게 자금 환수 수사를 준비해왔는지 맥락 있고 논리적인 설명이 가능할까요? 평소 그 문제에 어지간한 관심이 없었다면, 전두환 전 대통령이 어떤 자금을 어떻게 얼마나 조성했고 그 자금을 어떻게 보관했는지 알 수 없습니다. 사전에 잘 준비를 해서 머릿속에 관련 정보를 잘 기억하고 있었다면 달랐겠지만, 그날 오후 제가 연희동의 전직 대통령 집 앞에 그렇게 급하게 가서 라이브 방송을 하게 될 줄은 저는 물론 아무도 예측하지 못했습니다.

이런 상황에서 가능한 정보 전달의 방식은 '사전 정보 + 현장 묘사' 정도로 압축해야 합니다. 자기가 전달할 수 있는 정보의 범위를 얼마나 순발력있게 확정해 메시지를 전달하느냐가 그날 스피치(보도)의 성공 여부를 가늠하는 관건이 되는 것이죠. 흐름을 이끌어가는 주체적인 힘을 키우기 위해서는 대화에서 무엇을 내놓고 버릴 것인지 선별할 줄 아는, 이른바 순발력이라는 부가적 요소가 큰 영향을 끼치는 셈입니다.

이런 돌발 상황에서는 기존에 상식선에서 얼마나 관련 정보를 많이 알고 있느냐 하는 것도 중요하게 작용합니다. 내 관심 분야와 돌발 상황에서 다뤄야 할 분야가 일치하면, 사전에 예고된 일인지 돌발 상황인지는 중요하지 않겠죠. 이유는 간단합니다. 상식 수준에서 나에게 준비된 총알이 충분하기 때문입니다. 다만 기존 상식 범위를 벗어나는 긴급한 상황에서 어떤 방식으로 대처해야 할지에 대해서는 평소에 고민과 준비가 있어야 합니다.

물론 평소에 고민만 많이 한다고 그런 상황이 벌어졌을 때 잘 대처할 수 있는 것은 절대 아닙니다. 나름의 대처 방법을 만들어 놓고 준비를 해야지요. 이 말이 얼핏 막연하게 들릴 수도 있을 것입니다. 하지만 돌발 상황에 대한 준비, 이를 테면 다양한 독서, 꾸준한 이슈 정리(목회자라면 성경 말씀 연구가 주요 이슈가 되겠고, 입사 준비자라면 사회 정치 경제 이슈 정리) 등이 실생활에서 준비할 수 있는 대책이 될 수 있습니다. 그러면 이런 질문도 가능합니다.

"언제 무슨 일이 벌어질지 모르는데, 무엇을 얼마나 대비해야 하나요?"

맞습니다. 충분히 가능한 질문입니다. 특히 리더 위치에서 일하는 사람들은 사회가 어떻게 돌아가는지에 대해 감각적으로라도 어느 정도 흐름을 알고 있어야 하기 때문에, '적절한 총알을 잘 준비해야' 한다는 것이 부담스럽고 막연하게 느껴질 수도 있습니다. 여기에는 별도의 속성 과외 형식의 정답이 없는 것 같습니다. 꾸준한 노력과 의지가 가장 근접한 답일 뿐입니다.

그렇다면 리더이거나 리더의 입장에서 일하고 싶은 사람은 어떻게 총알 준비를 해야 할까요? 당장은 부담으로 느껴질 수 있겠지만, 여유를 가지고서 최소 6개월에서 1년 정도 하루에 몇 개, 또는 하루 1,2시간 같은 기준을 세워놓고, '품격있는 말하기를 위한 총알 준비 시간'을 투자할 것을 권합니다. 신문을 보면서 외우려고 노력하는 것도 좋고 노트에 정리하는 것도 좋습니다.

저 개인적으로는 신문을 읽을 때 해당 이슈들에 대해 외우겠다는 노력의 일환으로 읽다 보면, 처음엔 기억하기 어렵고 바로 잊어버려도, 결국 어느 시점이 지나면 머릿속에 기억으로 자연스럽게 자리를 잡습니다. 그래서 신문을 볼 때 관심 사안을 외우려는 자세로 읽기를 추천합니다. 이런 식으로 하면 6개월에서 1년만 지나도 확 달라진 자신의 모습을 볼 수 있습니다.

한 이슈에 대해 100개의 자료를 준비했다면, 이 100개는 1000개 또는 10000개의 파급력을 가질 수 있습니다. 성경에서 말씀과 말씀이 연결돼 있듯, 사회의 다양한 이슈도 여러 가지 다른 이슈와 어떻게든 연결성을 가지고 있습니다. 세상의 어떤 이슈든

독립적으로 존재하는 것은 없기 때문입니다. 그래서 돌발적인 공식적 말하기에서도 결국 이런 결론을 내릴 수 있습니다.

"평소에 총알을 준비해야 한다."

'총알 준비'가 잘 돼 있다는 것은 대화에 빈틈이 없다는 의미이기도 합니다. 대화에서 빈틈이 생길 만한 공간에 내가 준비한 콘텐츠(총알)와 논리가 자리하게 되기 때문이죠. 따라서 우리가 기억하고 이해해야 할 점은 '준비된' 공식적 말하기와 '갑작스런' 공식적 말하기의 상황에 따라 어떤 접근 방법을 택해야 하는지에 대한 것입니다. 일단 이 세 가지만 머릿속에 잘 기억해 두시면 좋겠습니다.

① 철저한 준비 ② 정보 범위의 확정 ③ 다양한 총알 준비.

비공식적 말하기에서 총알 준비하기

우리는 공식적인 말하기를 통해 공식적인 평가를 받습니다. 당신이 이 책을 읽는 이유 역시, 주로 공식적인 말하기에서 좋은 평가를 받고 말을 잘 하는 사람이 되기 위해서일 것입니다. 개인적으로 친구에게 좋은 평가를 받기 위해 시간과 노력을 들이는 경우도 있겠지만, 설사 친구에게 좋은 평가를 받지 못한들 인생에 큰 영향은 없습니다.

그러나 주의해야 할 것은, 사적인 말하기를 공식적인 말하기와 아예 분리시켜 동떨어진 것으로 보지는 말아야 한다는 점입니다. 사적인 말하기(Private Speech), 즉 비공식적인 말하기도 공식적인 말하기를 준비하는 과정 정도로 인식하고, 사적인 대화에서도 공적인 말하기를 생각해야 한다는 것입니다. 자신이 지금 하는 대화를 위해 얼마나 총알을 잘 갖추고 있는지는 공적 대화나 사적 대화를 위해서나 사실 마찬가지로 다 중요합니다.

상대방의 질문을 먼저 잘 듣고, 자신 역시 그 질문에 대해 적절한 대답을 할 수 있는 연습은 공적이든 사적이든 평소에 해둬야 합니다. 평소 사석에서 말을 우왕좌왕하는 사람이 공식적인 자리에 섰다고 청산유수가 되지는 않습니다.

사전에 공식적인 발표 준비를 잘 했다면 공식적인 평가는 잘 받을 수야 있겠지만, 대체로 말하는 수준과 기술은 평소에 어떻게 말하느냐가 좌우합니다. 평소 함부로 말하거나 대충 얼버무리듯 말하는 사람은 결정적인 순간에 꼭 실수를 합니다. '꼭'이라고 강조하니 이게 어떤 원리나 원칙인 것처럼 오해될 것 같은데, 좌우간 다 설명할 수는 없지만, 대체로 저 같은 방송인의 경험에서 보면 그렇다는 말입니다.

예수님의 총알 준비법

지금까지 우리는 총알을 준비한다는 것이 어떤 의미이고 왜 중요한지에 대해 이야기를 나눴습니다. 이제 슬슬 궁금해지지 않나요? '그렇다면 예수님은 과연 어떻게 총알을 준비하셨을까?'

우리가 총알로 삼기 위해 수많은 사회 이슈에 대해 이해하고 기억하려고 많은 시간과 노력을 투자해야 하듯, 예수님도 그렇게 준비하셨을까요? 지금부터는 '예수님의 총알 준비'에 대해 이야기를 나눠보도록 하겠습니다.

성경을 보면 예수님은 말을 잘 하는 분이셨습니다. 그것도 엄청 잘 하는 분이셨다는 점은 분명해 보입니다. 그렇다면 예수님은 어떻게 말하기를 위한 총알을 준비하셨을까요? 총알 준비, 즉 설교 준비도 없이 애드리브로 설교하셨던 것일까요? 우리가 총알을 준비하기 위해 열심히 독서하는 것처럼 예수님도 책을 많이 읽으셨을까요?

예수님의 독서 습관에 대한 기록은 성경에도 일반사료에도 특별히 없는 것 같습니다. 엄밀히 말하면, 우리는 예수님이 어떤 책을 얼마나 보셨는지, 즉 어떻게 총알을 준비하셨는지에 대해 알수 있는 길은 거의 없습니다. 다만 예수님이 설교하실 때, 구약성경의 본문들을 매우 자유롭게 적재적소에 사용하셨다는 점은 눈여겨볼 필요가 있습니다. 구약성경을 미리 읽지 않으셨다면 그렇게 인용하기는 어려우니까요.

당시 유대인들의 핵심 독서 자료는 구약성경입니다. 예수님은 하나님이시지만 동시에 인간이기 때문에, 우리가 성경책을 열심히 보려고 하는 것처럼 구약성경을 가까이 두고 열심히 보셨을 것으로 추측됩니다. 웬만큼 열심히 집중해서 성경을 많이 보지 않고선 말을 할 때 적재적소에 자유롭게 성경을 인용하기가 불가능하기 때문입니다. 이런 면에서 예수님이 적어도 구약성경에 대해서는 양적으로나 질적으로 상당한 독서를 하셨다고 추측할 수 있습니다. 말을 잘 하는 분이면서, 동시에 다독(多讀)에 익숙한 분이셨던 것입니다. 말하자면 구약성경이라는 총알이 잘 준비돼 있으셨습니다. 예수님이 총알 준비가 잘 돼 있었다는 것은 사실 당연합니다. 성자 하나님으로서 모든 걸 알고 계셨을 테니까요.

예수님의 대화가 애드리브가 아니라 사전에 철저하게 총알을 준비한 것이었다는 점을 가장 잘 드러내는 사례가 요한복음 4장의 사마리아 여인과의 대화가 아닐까 합니다.

예수님은 율법에 엄격한 유대인들과 달리, 굳이 율법주의자들이 배척하는 사마리아 지역을 통과해 갈릴리로 가시겠다고 말씀하셨습니다. 거기서 '유대인이 상종하지 않는 사라미아 여인'(요한복음 4:9)에게 물을 달라고 하십니다.

예수님은 이 여인에게 마른 목을 달랠 생수를 요청하시면서, 다음에 이어질 논리를 미리 생각하고 계셨습니다. 진정한 생수는 육체의 목마름을 적실 물이 아니라, 생명을 안겨주는 성령의 임재라는 것을 말이죠. 이 주제를 말씀하시기 위해 굳이 사마리아를 통과하는 여정을 선택하시고, 굳이 사마리아 여인에게 먼저 말씀을 건네시고, 생수를 비유로 사용하셨던 것으로 볼 수 있습니다. 예수님은 어떤 대화를 할지, 그 내용이라는 총알을 이미

가지고 계셨던 것입니다. 그렇기 때문에 매우 수려한 논리적 흐름으로 주제를 전달하실 수 있었습니다. 우연히 사마리아 여인을 만나 대충 애드리브로 대화를 나눈 것은 확실히 아니라고 볼 수 있습니다.

우리가 예수님의 대화에서 얻어야 할 교훈은, 예수님 역시 대화하시기 전에 철저한 준비를 하셨다는 것입니다. 그냥 상황에 맞게 애드리브로 대화하신 것이 아니라, 대화의 흐름을 주도하기 위한 준비가 제대로 된 상태에서 대화를 시작하신 것입니다.

이 사례 역시 우리가 쉽게 흉내낼 수 있는 것은 아닙니다. 우리는 피조물이기 때문입니다. 우리는 예수님처럼 '미리 모든 것을 알 능력'이 없기 때문에 능력을 대체하는 수단으로서 다독을 해야 합니다. '미리 조금이라도' 준비는 할 수 있기 때문입니다. 따라서 "말하기와 글쓰기와 책읽기는 매우 밀접한 관계를 가지고 있다"는 말을 부인할 사람은 많지 않을 것 같습니다. 글을 읽고 쓴다는 것은 논리적 행위이고, 말하기도 마찬가지이기 때문입니다. 많이 읽어야 머릿속에 이야깃거리가 많아질 수 있습니다. 즉, 특정 상황이나 이슈에 대한 말을 할 때 든든한 총알이 되는 것입니다. 또한 많이 읽으면 많이 생각하는 연습을 하게 되며, 머릿속에 담겨 있는 콘텐츠가 확장되고 서로 연계되는 효과도 기대할 수 있습니다.

중요한 말은 애드리브로 할 수 없다

성경에서 하나님은 모든 것을 알고 계신 존재로 묘사됩니다. 성경은 세상의 창조주가 하나님이시라고 말하며, 하나님은 피조물의 '머리털까지 다 세는 존재'(마 10:31)로 그려집니다. 하나님은 이 세상의 모든 것, 과거의 모든 일은 물론 앞으로 일어날 모든 일까지 다 알고 계십니다. 하나님은 세상의 일과 관련한 모든 '총알'을 가지고 계신 셈입니다.

이런 하나님의 대변인 역할을 하는 사람들이 구약에 등장하는 선지자들입니다. 선지자들은 정말 많은 총알을 가진 사람들이었습니다. 하나님으로부터 받은 말씀이나 계시 등을 통해 이스라엘 백성들에게 말해주는 존재들이었지요.

구약성경 선지서의 말씀 가운데, 기독교 신앙을 가진 사람들에게 가장 익숙한 말씀 중 하나로 이사야서의 이 말씀을 꼽을 수 있습니다.

> 그러므로 주께서 친히 징조를 너희에게 주실 것이라 보라 처녀가 잉태하여 아들을 낳을 것이요 그의 이름을 임마누엘이라 하리라
>
> _이사야 7:14

이 말씀에 대한 일반적 수준의 해석은 "이사야 선지자가 구약 시대에 이미 신약의 도래를 알릴 예수의 존재를 미리 예언했다"

는 것입니다. 이 말씀은 이사야 선지자가 살던 시대에 이루어진 예언인 동시에 예수님의 탄생을 암시하는 예언이기도 합니다. 당대에는 강국 앗수르의 침공이 있을 것이라는 예언이면서, 미래에는 새 창조가 이뤄질 것이라는 점을 예언한 말씀이기도 합니다. 당대의 의미와 미래의 의미 두 가지로 해석할 수 있는 것입니다.

구약 시대에 예수님의 탄생을 예언한 또 다른 선지자는 예레미야입니다.

여호와의 말씀이니라 보라 때가 이르리니 내가 다윗에게 한 의로운 가지를 일으킬 것이라 그가 왕이 되어 지혜롭게 다스리며 세상에서 정의와 공의를 행할 것이며 _예레미야 23:5

이런 선지자들의 굵직한 예언은 즉흥적 애드리브로 나온 것이라고 볼 수 없습니다. 하나님의 말씀과 계시를 통해 하나님의 대변자로서 이야기한 것이기 때문입니다. 이들은 하나님의 계시를 통해 아주 먼 미래에 대한 총알까지 준비하고 있던 셈입니다.

우리가 여기서 맞추려는 초점이 '미래를 내다보는 선지자의 특별한 능력'이어서는 안 됩니다. 사실 크리스천에게 선지자의 예언이 의미 있는 말로 보이지만, 다른 종교를 가진 사람들에게는 허황된 것으로 비춰질 수도 있습니다. 여기서 중요한 것은 구약성경에 등장하는 하나님의 대변자들이 다양한 종류의 총알을 가지고 활동했다는 점입니다. 미리 준비된 것이 아니라면 저런 중요한 말들을 즉흥적으로 할 수 없습니다. 하나님뿐 아니라 하나님의 대변자들 역시 준비된 총알을 가지고 일했다는 점은, 말하기 이전에 충분한 준비를 해야 하는 우리에게 적잖은 의미를 부여하는 것이라고 생각됩니다.

결국 방점은, 그렇다면 어떻게 철저하게 총알을 준비해, 애드리브가 아닌 준비된 말을 할 것이냐에 찍히게 됩니다. 총알을 준비하는 법에 대해서는 이 책의 2부에서, 특히 제7계명에서 다시 자세히 다뤄보도록 하겠습니다. 여기서는 단순하게 이것만 기억하세요.

"애드리브에 의지해서 말해선 안 된다."

예수처럼 말하는 법, 우리의 말 품격을 위한 제3계명입니다.

썰풀기와 말하기는
전혀 다르다

사적인 교제 자리에서 말을 굉장히 재미있게 하는 분을 종종 만날 수 있습니다. 재치있게 말하는 능력이 있는 분은 그저 입만 열었을 뿐인데 주변 사람들을 웃기기부터 합니다. 이런 분의 이야기를 듣고 있으면 너무 웃겨서 눈물이 날 정도로 재미를 느끼기도 합니다. 그런데, 정작 이야기를 다 듣고 나면 남는 건 별로 없을 때가 많습니다. 그냥 웃고 떠들다 대화가 끝나는 경우도 적지 않지요. 우리는 이런 사람들이 말하는 기술을 속된 표현으로 "썰을 잘 푼다"라고 합니다. 줄임말로 '썰풀기'라고도 합니다.

'썰'은 '말하기'를 뜻하는 한자 '설'(說)의 발음이 변화된 것으로, 의견이나 생각 따위를 속되게 이르는 말이라고 합니다. 국어 사전에서 찾아본 정의입니다. 이런 말하기가 우리가 추구해야 할 좋은 말하기의 모델일까요? 아니면 그 반대에 해당할까요? 그냥 웃고 재미를 느끼다 끝나는 말하기는 이야기가 논리적 구성을 가지기보다 그저 재미있는 소재를 활용한 말하기, 이른바 '썰'에 불과해질 가능성이 확률적으로 높습니다. 소재나 상황 자체는 듣는 사람으로 하여금 재미를 느끼게 하지만, 논리적 구성이나 내용이 빈약하다 보니 전하려는 주제가 약하거나 아예 없는 경우가 많습니다. 이런 말하기는 유행어로도 충분히 할 수 있습니다.

썰풀기는 우리가 추구하려는 말하기와 어떤 관계가 있을까요?

말하기 vs 썰풀기

시사교양 프로그램 '썰전'이 한때 꽤 인기를 끌었습니다. 방송인 김구라 씨와 진보 성향의 이철희 의원, 보수 성향의 박형준 전 의원 등 3인방이 각자의 이야기를 '썰 풀 듯' 이야기하는 형식이었습니다. 시사 이슈와 상관이 없을 것 같은 예능인 김구라 씨가 사회자 역할을 했고, 이 자리에 정치 성향이 서로 다른 전현직 국회의원들이 하나의 이슈에 대해 각자의 관점을 보여준 것이 '썰전'의 차별화 전략이었습니다. 김구라 씨가 썰을 풀 듯 재미있게 이야기하고, 두 패널이 논리적인 관점을 보여주면서 재미와 정보 전달 효과가 시너지를 낸 것입니다. 논리적 말하기와 상황적 썰풀기가 의외의 조화를 이룰 수 있다는 걸 보여주기도 했습니다.

좌우간, '말하기'와 '썰풀기'는 어떤 차이점이 있을까요? 말을 하는 것이나 썰을 푸는 것이나, 본질적으로는 내 안에 있는 '총알', 즉 말할거리를 잘 활용해 이야기한다는 점에서는 비슷합니다. 물론, 상황으로 보면 두 행위는 아주 큰 차이가 있습니다. 우리가 이야기하는 '말하기'는 말하기의 본질적 측면에서 보아야 하는 반면, 썰풀기는 사적인 가벼운 자리에서 관계의 친밀성을 목적으로 하는 행위에 가깝기 때문입니다. 이른바 과자를 먹으며 가볍게 이야기를 나누는 '스내커블 대화'(snackable talking)의 수단으로 볼 수 있습니다.

그럼에도, 총알을 입 밖으로 꺼낸다는 측면에서 말하기와 썰풀기 행위가 동일하다면, 이 두 행위의 차이점은 무엇일까요? 우선 하는 말이 논리구조를 가지고 있느냐 여부로 구별 지을 수 있습니다. 본질적 말하기는 구조적 완성도를 가져야 하는 반면, 썰풀기는 간혹 이야기의 배가 산으로 가더라도 재미라는 요소만 충분하면 크게 문제되지 않습니다.

우리가 추구해야 할 말하기의 본질은 썰풀기의 재미 요소보다 말하기의 구조적 완성도를 갖추고 있어야 합니다. 그렇다면 '구조적 완성도'란 무엇을 의미할까요? 말이 구조적으로 완성됐다는 것은 논리적으로 연결이 잘 된 것을 말합니다. 이야기를 듣다 보면 어떤 사람의 이야기는 질서있게 들리는 반면, 어떤 사람의 이야기는 무슨 소리인지 도통 의미 파악이 안 될 때가 있습니다.

이건 십중팔구 그가 하는 말의 논리성 문제일 가능성이 큽니다. 논리적으로 잘 구성된 말하기는 상대방의 귀에 잘 들리게 마련이고, 그렇지 않은 말하기는 설사 재미있게 들리더라도, 듣고 나면 핵심이나 주제가 파악되지 않는 경우도 있기 때문입니다. 그래서 우리는 학창시절 글쓰기 공부 시간에 진부하게 익혔던 논리력의 기초에 대해 다시 한 번 거론할 필요가 있습니다. 특히 이 부분은 예수님의 말하기 안에 담긴 논리력을 제대로 이해하기 위해서도 필요합니다.

개떡같이 말은 해도 개떡같이 글을 쓰면 안 된다

"두 사람의 생, 그 사이에 피어난 벚꽃이여."

일본 에도 시대의 하이쿠 시인 바쇼의 하이쿠입니다. 하이쿠는 한두 줄에 불과한 시이지만 많은 감정을 압축하고 있습니다. 이 시는 바쇼가 19년 만에 고향 친구를 다시 만났을 때 지은 것이라고 합니다. 과거에 벚꽃을 함께 본 사람을 다시 만난 날의 깊고 복잡한 감회가 담겨 있는 셈입니다. 하이쿠가 압축미를 기본으로 하는 일본 예술가의 작품이라면, 실용성을 강조한 한국 범인(凡人)들의 작품으로 우리나라의 속담을 비교할 수 있지 않을까 싶습니다. 감각적 압축미는 하이쿠보다 떨어질지 몰라도, 소통의 수단으로서 언어가 가져야 하는 실용적 아름다움에서는 타의 추종을 불허합니다. 예를 하나 들어봅니다.

"개떡같이 말해도 찰떡같이 알아듣는다."

그 옛날 보릿고개 시절, 떡이라고 하기도 그렇고 아니라고 하기도 그런 가짜 떡을 '개떡'이라고 불렀습니다. 주재료가 쌀이 아니었기 때문 같습니다. 이 속담은 이런 음식 이름에서 유래했습니다. 이도저도 아닌 개떡처럼 말을 했는데, 찹쌀로 제대로 만든 '찰떡처럼' 잘 알아들을 때 하는 말입니다. 대충 말을 해도 교감이나 소통이 잘 된다는 말을 개떡과 찰떡의 대비로 표현하는 민족이 또 있을까요? 이런 말을 보면 한국어의 아름다움을 새삼 곱씹게 됩니다.

뜬금없이 개떡과 찰떡 이야기를 꺼내든 것은 말과 글의 차이점에 대해서 생각해보기 위해서입니다. 보통 말은 대충 해도 어느 정도 의사전달이 됩니다. 속담처럼 개떡같이 말해도 찰떡같이 알아들을 수 있는 것이죠. 하지만 글은 개떡같이 쓰면 죽었다 깨어나도 찰떡처럼 이해할 수 없습니다. 글은 말보다 높은 수준의 논리성을 요구하기 때문입니다. 글을 잘 쓰는 방법을 이야기할 때 논리 이야기가 빠지지 않는 것이 이런 이유 때문입니다.

찰떡같이 말하기의 기본 : 주제(결론)부터 말하기

글은 말보다 높은 논리성을 요구합니다. 달리 말하면, 말은 글보다 상대적으로 논리가 약해도 의사가 전달됩니다. 개떡같이 말해도 찰떡같이 이해할 수 있는 것이죠. 그렇다 보니 말하기를 통해 전달되는 내용의 깊이는 글이 전달하는 내용보다 얕은 경우가 많습니다. 글은 어렵게 써도 다시 읽으면 이해할 수도 있지만, 말은 한 번 하면 다시 들을 수 없기 때문에 가급적 쉽게 말하는 것이 좋습니다.

이런 말과 글의 차이를 명확하게 보여주는 것이 방송 기사와 신문 기사입니다. 사람들은 어떤 이슈와 관련된 뉴스를 깊이는 얕더라도 빠르게 얻고 싶을 때 주로 방송 뉴스를 봅니다. 방송 기사는 한 개가 보통 8-13문장 정도로 이루어졌으니 압축된 정보를 빠르게 소비하기에는 적절합니다. 반면, 한 이슈에 대한 깊이 있는 분석과 광범위한 정보를 원할 때는 신문 기사, 특히 신문의 분석 기사를 살펴봅니다. 현재 상황이 벌어진 원인부터 전개된 흐름은 물론, 향후 전망까지 자세히 쓴 분석 기사에는 독자들이 가져갈 수 있는 정보가 꽤 많이 담겨 있습니다. 하지만, 워낙 정보가 많다 보니 독자가 원하지 않는 정보까지 들어 있을 수 있습니다. 그래서 사람들은 선별적이고 선택적으로 방송과 신문을 구분해서 뉴스 정보를 소비합니다. 이처럼 방송 기사와 신문 기사의 차이는 말과 글의 차이와 상당히 유사합니다.

우리가 추구하는 말하기 방법에서는 깊이보다 차라리 넓이에 방점이 찍히는 것이 좋습니다. 일상의 철학을 이야기할 때 칸트나 헤겔 정도의 이름을 논리적 흐름에 맞게 거론하면 되지, 굳이 칸트 철학의 모든 내용을 말할 필요는 없는 것과 마찬가지입니다. 칸트에 대해 말하고 싶을 때는 '합리주의와 경험주의를 종합한 철학자' 정도를 떠올리면 됩니다. 굳이《순수이성비판》과《실천이성비판》의 내용을 구체적으로 꺼내들며 어쭙잖은 철학지식을 자랑할 필요는 없습니다. 대화가 그렇게 흘러가면 그 대화는 아마 곧 종료될 가능성이 매우 높습니다. 지루하고 장황해지기 때문입니다. 그러니 말하기는 깊이보다 넓이, 복잡보다 간단에 초점을 맞추는 것이 좋은 것 같습니다. 우리에게는 좀 단순해도 품격이 필요하기 때문입니다. 즉, 말하기는 간단할수록 좋습니다. 이러한 말하기의 특징에서, 깊이 있는 내용도 간단하게 전달하고 싶을 때 좋은 방법은 '두괄식'으로 말하는 것입니다. 주제나 결론의 핵심을 먼저 말하는 것이지요. 두 가지 대화를 예로 들어 보겠습니다.

첫 번째 : "에스더서 읽어 봤어? 난 에스더서를 보면 참 많은 것을 느껴. 유대 출신의 이방 여인이 페르시아의 왕비가 될 수 있었다는 것부터가 신기하지 않아? 에스더에게는 왜 그렇게 우연처럼 보이는 일들이 많이 생겼을까? 아마도 그건 하나님의 섭리일 거야. 그러니까 하나님의 주권적 통치와 은혜가 에스더서의 핵심 주제라고 말할 수 있지."

두 번째 : "에스더서 읽어 봤어? 나는 에스더서의 핵심 주제는 하나님의 주권적 통치와 은혜라고 생각해. 유대 출신의 이방 여인이 페르시

아의 왕비가 될 수 있었다는 것부터 신기하지 않아? 에스더에게는 왜 그렇게 우연처럼 보이는 일들이 많이 생겼을까? 하나님의 섭리가 작동했기 때문 아니겠어?"

위 대화가 실제로 상대방에게 음성으로 전달하는 말이라면, 당신은 어떤 대화가 더 전달력이 높다고 생각하시나요? 두 말할 것 없이 두 번째입니다. 두괄식으로 구성됐기 때문입니다. 자기가 말하고자 하는 주제나 주장을 먼저 던지고, 마지막에 그 부분을 다시 강조하면서 끝맺는 두괄식 대화입니다. 장황하게 이런저런 이야기를 하다가 주제나 주장을 끝에서 이야기하는 첫 번째의 '미괄식' 대화보다, 두 번째의 두괄식 대화가 훨씬 전달력과 설득력이 높기 때문입니다.

대화를 두괄식으로 이끈다는 것은 나의 생각을 전달하기도 편하지만, 듣는 사람도 일단 상대방의 주장이 무엇인지 우선 듣고 나머지 정보를 받을 수 있다는 점에서, 일반적으로 더 친절한 말하기 방식입니다. 상대방이 내 주장을 알고 듣기 때문에, 내 말을 이어 들으면서 생각을 정리할 시간을 여유 있게 가질 수 있습니다. 그런 점에서 "한국사람 말은 끝까지 들어봐야 해"라는 말은 한국인의 말하기 특징 가운데 미괄식 구조의 특징을 이야기하는 것입니다. 아주 훌륭하고 간단명료하게 정보를 전달하는 사람이라면 "끝까지 들어봐야 해"라는 말은 하지 않습니다. 굉장한 반전의 내용을 담고 있다면 미괄식 표현이 가능하겠지만, 일상적인 대화에서 미괄식은 듣는 사람을 지루하게 만들거나 대화의 흐름을 놓칠 가능성이 상대적으로 큽니다. 그렇기 때문에 말을 잘 하고 싶어하는 우리는 우선 우리의 편리를 위해, 그리고 상대방을 배려하기 위해 두괄식으로 말하는 것이 더 좋습니다.

말의 골격과 논리의 완성도를 높이는 '접속사'

두괄식 말하기에 대한 감각을 얻었다면, 이어지는 말의 논리 단계에 한 발 더 가까이 다가가기가 훨씬 수월해집니다. 이 단계에서는 생각나는 대로 함부로 말하거나 말을 많이 한다고 말을 잘 하는 것이 아니라는 점을 좀 더 실질적으로 느낄 수 있습니다.

글에 기승전결 또는 서론 본론 결론이 있는 것처럼, 말에도 기승전결이나 서론 본론 결론 같은 구조적 흐름이 있어야 합니다. 제대로 짜인 말이 되려면 글처럼 구조적 흐름을 가져야 하는 것입니다. 물론 말은 글보다 내용의 깊이가 얕을 수밖에 없기 때문에, 말할 때마다 머릿속으로 논리구조를 따질 필요는 없습니다. '아, 지금부터는 본론의 첫 번째 부분을 이야기해야지' 하는 식으로 말하는 동안 논리구조를 생각할 필요가 없고, 그렇게 할 수도 없습니다. 실시간 논리구조를 따져가며 말해야 한다면 말하기 자체가 굉장한 스트레스가 될 것입니다. 그래서 말의 논리와 구조를 고민할 때 활용할 수 있는 방법이 '내러티브'(narrative)입니다.

내러티브는 말이 잘 흘러가게 하는 구조이며 이야기의 흐름을 말합니다. 머리가 너무 좋아 말하는 동시에 기승전결 구조를 따질 수 있다면 좋겠지만, 우리는 일반적으로 그런 능력이 없거나 약합니다. 그래서 말의 흐름, 즉 내러티브를 생각하며 말하는 연습을 해야 합니다. 일단 두괄식 구조로 말하려는 주제를 전달했다면, 이어서 내러티브로 이야기가 잘 흘러가게 만들면 됩니다.

그렇다면 말을 어떻게 잘 흘러가게 할 수 있을까요? 우리에게는 아주 간단하지만 강력한 공짜 무기가 있습니다. 바로 '접속사'입니다. 글을 쓸 때는 보통 접속사를 최대한 줄여야 합니다. 하지만 말을 할 때는 다릅니다. 말할 때는 접속사만 잘 활용해도 말의 논리성이 무척 높아집니다. 실제로 논리성이 높아지지 않더라도, 듣는 사람은 논리적으로 듣게 됩니다.

예를 들어, 말을 하면서 부연설명을 할 때는 '그리고', '그래서'라는 접속사를 사용하고, 인과관계를 강조하려면 '따라서', '그렇기 때문에'라는 접속사를 사용하면 됩니다. 간단하죠? 이 간단한 접속사를 사용하기만 해도 말은 논리적인 형식을 갖추게 됩니다. 그러면 듣는 사람에게 훨씬 편안한 말하기가 되는 것입니다. 접속사를 잘 활용하기만 해도 소통 능력을 높일 수 있습니다.

많이 읽고 많이 써보라

접속사를 사용하는 것이 말의 논리성을 쉽게 높일 수 있는 생활형 기술이라면, 논리성을 갖추기 위한 본질적 고민도 함께 해야 합니다. 논리성을 키우려면 어떻게 해야 할까요? 이미 언급했듯이 글에 논리성이 있습니다. 그러니 글을 쓸 줄 알아야 하고, 글을 잘 쓰려면 우선 글을 많이 읽어야 합니다. 말만 많이 한다고 논리력이 높아지지 않습니다. 논리력은 하늘에서 하루아침에 뚝 떨어지지 않습니다. 논리력을 키우는 방법은 말을 많이 하는 게 아니라 글을 많이 읽고 쓰는 것입니다. 예외도 있겠지만, 대체로 글을 잘 쓰는 사람이 말도 잘합니다.

논리력이 중요하다는 점은 그 당위성을 누가 군이 설명해주지 않아도 충분히 이해가 갑니다. 우리는 너무 어렸을 때부터 논리성을 강요받은 집단적 추억을 가지고 있기 때문입니다. 그렇다면 학교를 졸업해 취업한 청년이거나 은퇴를 앞둔 중년이거나 평생 설교를 해야 하는 목회자라면, 논리력을 높이기 위해 어떤 노력을 해야 할까요? 조금 식상한 표현일 수 있지만, 결국 '3다(多)'가 정답인 것 같습니다. 다독(多讀), 다작(多作), 다상량(多商量), 즉 '많이 읽고 많이 쓰고 많이 생각하는 것'입니다. 이것은 동서양을 넘나드는 논리력의 기본이고 원칙과 같습니다.

이 책에서 우리가 붙잡으려는 목표는 생활 속에서 말하기에 유익한 모든 것을 습관처럼 익숙하게 만드는 것입니다. 따라서 다작 역시 일상적인 생활형 다작이 되게 하는 것이 마음에 부담도 없고, 실천할 가능성이 높습니다. 이토록 중요하게 강조하는

'3다'는 뒤에 나올 제7계명에서 다시 살펴봅니다.

단문 위주로 말하라

말하기에서 가장 실용적으로 해야 할 노력 가운데 하나가 단문(短文) 위주로 말하는 습관입니다. 문학 용어로서 단문은 주어와 서술어로만 이뤄진 짧은 문장을 의미합니다. '철수가 밥을 먹었다'는 단문이고, '밥을 먹은 철수가 영희네 집에 갔다'는 복문(複文)입니다. '철수가 밥을 먹고, 영희네 집에 갔다'는 통상 중문(重文)이라고 합니다. 둘 이상의 홑문장이 대등하게 이어진 문장이지요. 우리는 여기서 문장 성분을 중심으로 문장을 나누지 않고, 편의상 상대적으로 짧은 문장을 단문, 상대적으로 긴 문장을 장문이라고 구분하겠습니다.

일단 말이 길면 듣는 사람의 집중도가 떨어지는 것은 물론 말하는 사람의 논리도 흐트러지기 쉽습니다. 글에서는 상황에 따라 문장이 길어도 됩니다. 문장이 길더라도 저자의 의도나 필요에 따라 충분한 의미 전달이 가능합니다. 읽는 사람이 잘 이해가 안 되면 다시 앞으로 돌아가서 읽으면 되기 때문이죠.

그런데 말하기는 다릅니다. 일단 화자의 입에서 떠난 말은 듣는 사람이 다시 되돌려 들을 수 없습니다. 그래서 말은 최대한 간결하게 해야 전달력과 소통력을 높일 수 있습니다. 그렇다고 말하는 모든 문장을 100퍼센트 단문으로 하자는 것은 아닙니다. 짧은 문장과 긴 문장을 적절히 섞어 말하면서 리듬감을 살리되, 단문 위주로 말하기에 더 힘을 쏟자는 것입니다.

단문 위주의 말하기가 감각적으로 느껴지지 않는 분이라면 자신의 말하기 문장을 점검해보는 방식으로 감각을 높일 수 있습니다. 대체로 워드 문서에서 A4용지에 글자 크기를 10포인트로 했을 때, 말하는 문장이 한 줄을 넘기지 않으면 단문 위주로 말하는 것이라고 볼 수 있습니다. 그러니 한 줄 이하, 많아야 한 줄 반 정도에 맞춰 글을 쓰듯 말하는 연습을 해보세요. 이야기 덩어리를 구성할 때는 단문을 60-70퍼센트 정도, 장문은 30-40퍼센트 정도 섞어 문장을 구성하는 연습도 좋습니다. 이런 식으로 쓰면서 말하는 연습을 하다 보면, 어느 순간부터 말하기도 글쓰기로 연습했던 것처럼 단문 위주로 나오는 경험을 하게 될 것입니다.

예수님 말씀의 논리 구조

우리는 지금까지 미괄식을 피하고, 논리구조를 고민해야 하며, 단문 위주로 말해야 하는 노력이 왜 필요한지 살펴봤습니다. 그렇다면 또 다음 질문이 참 궁금해집니다.

"과연 예수님은 어떠셨을까요?"

두괄식으로 말하시고, 접속사를 통해 말의 논리를 강화시키고, 단문을 통해 메시지의 명확성을 강화시키는 방식으로 이야기하셨을까요? 만약 예수님의 설교 안에 그렇게 일정한 규칙성이 발견된다면, 우리에게는 선택지가 없습니다. 미괄식을 피하고, 논리 구조를 고민해야 하고, 단문 위주로 말해야 하는 것입니다. 왜 나고요? 예수께서 그런 형식으로 말씀하시면서 세상의 진리를 이야기하셨기 때문입니다. 이런 형식이 예수님의 대화 안에 어떻게 녹아 있는지, 산상수훈의 가르침을 중심으로 알아보겠습니다. 마태복음 5장 27-32절을 읽어봅시다.

27절 또 간음하지 말라 하였다는 것을 너희가 들었으나(도입, 단문)

28절 나는 너희에게 이르노니 음욕을 품고 여자를 보는 자마다 마음에 이미 간음하였느니라(주제, 단문)

29절 만일 네 오른 눈이 너로 실족하게 하거든 빼어 내버리라 네 백체 중 하나가 없어지고 온 몸이 지옥에 던져지지 않는 것이 유익하며(설명 1, 장문)

30절 또한 만일 네 오른손이 너로 실족하게 하거든 찍어 내버리라 네 백체 중 하나가 없어지고 온 몸이 지옥에 던져지지 않는 것이 유익하니라(설명 1-1, 장문)

31절 또 일렀으되 누구든지 아내를 버리려거든 이혼 증서를 줄 것이라 하였으나(설명 2, 단문)

32절 나는 너희에게 이르노니 누구든지 음행한 이유 없이 아내를 버리면 이는 그로 간음하게 함이요 또 누구든지 버림받은 여자에게 장가드는 자도 간음함이니라(설명 2-1, 장문)

산상수훈에 담긴 '간음하지 말라'는 예수님의 가르침입니다. 이 말씀의 구조를 하나씩 살펴보죠.

먼저 27절에서 예수님은 "간음하지 말라는 말을 너희가 출애굽기와 신명기를 통해서 들었을 것이다"라고 말씀하셨습니다. 그러면서 28절에서 "음욕을 품고 여자를 보는 것도 간음이다"라고 말씀하시며, 구약보다 엄격하고 세밀한 기준으로 이 구절의 주제를 말씀하시죠. 그리고 이어지는 말씀들은 28절을 설명하는 부연 문장들입니다. 29절과 30절이 한 덩어리, 31절과 32절이 한 덩어리를 이루어서 28절의 주제문을 더욱 분명하게 강조하는 형식입니다. 전형적인 두괄식 구조입니다.

접속사는 어떨까요? 29절에서 '만일', 30절에서 '또한', 31절에서 '또'라는 접속사를 연쇄적으로 사용하셔서, 청중이 예수님의 글을 읽는 것이 아니고 말씀을 듣는 상황에서도, 지금 하시는 말씀들이 앞의 주제를 부연하고 있다는 구조적 흐름을 알 수 있습니다. 접속사를 활용해, 논리적 측면에서도 내러티브가 매우 매끄럽다고 볼 수 있습니다.

문장의 길이는 어떤가요? 보시는 것처럼 장문과 단문이 리듬감 있게 조화돼 흘러가고 있습니다. 성경에 기록된 말씀이 예수님이 쓰신 단어를 토씨 하나 틀리지 않게 받아 적은 것이 아닐 수 있다는 점에서, 예수께서 단문과 장문을 리듬감 있게 활용하셨는지 단정하기는 어려울 것입니다. 다만 분명한 것은, 이것을 기록한 성경 기자가 상당히 리듬감 있는 문체를 일관되게 사용한다는 것이고, 이를 통해 우리는 예수님의 설교 역시 리듬감이 있었으리라고 추측해보는 것입니다.

이제는 마태복음 5장 33-37절을 봅시다.

33절 또 옛 사람에게 말한 바 헛맹세를 하지 말고 네 맹세한 것을 주께 지키라 하였다는 것을 너희가 들었으나(도입, 장문)

34절a 나는 너희에게 이르노니 도무지 맹세하지 말지니(주제, 단문)

34절b 하늘로도 하지 말라 이는 하나님의 보좌임이요(설명 1)

35절a 땅으로도 하지 말라 이는 하나님의 발등상임이요(설명 2)

35절b 예루살렘으로도 하지 말라 이는 큰 임금의 성임이요(설명 3)

36절 네 머리로도 하지 말라 이는 네가 한 터럭도 희고 검게 할 수 없음이라(설명 4)

37절 오직 너희 말은 옳다 옳다, 아니라 아니라 하라 이에서 지나는 것은 악으로부터 나느니라(주제 강조)

이 말씀 역시 내용의 흐름은 앞의 말씀과 비슷합니다. 먼저 알려진 구약의 말씀을 꺼내들며 주의를 환기시키고(33절), 34절a에서 '맹세하지 말라'는 주제가 제시됩니다. 두괄식 구성으로서 주제를 먼저 내놓았으니, 이 주제를 뒷받침하는 내용들이 이어서 나오겠죠? 34절b와 35절a, 35절b와 36절까지 4개의 설명을 통해 주제를 부연하여 뒷받침합니다. 그러다 37절에서 주제를 강조하는 문장으로 끝나게 되는 형식입니다. 문장의 논리 구성을 보면, 33절의 '또'라는 접속사로 이 단락의 내용이 앞의 이야기와 이어진다는 점을 드러내고 있습니다. 문장의 길이를 보면, 첫 문장(33절)과 끝 문장(37절)은 상대적으로 길고, 주제와 주제를 뒷받침하는 문장들은 단문입니다.

이런 형태의 문장을 실제로 말하고 듣다 보면 매우 속도감 있게 대화가 진행된다는 느낌을 받을 수 있습니다. 단문이 가진 힘이라고 할 수 있지요. 속도감과 생동감있게 이야기를 이끌면서 듣는 사람에게 강한 인상을 남기는 효과가 있습니다.

이번에는 마가복음 11장 20-25절을 봅시다.

20절 그들이 아침에 지나갈 때에 무화과나무가 뿌리째 마른 것을 보고

21절 베드로가 생각이 나서 여짜오되 랍비여 보소서 저주하신 무화과나무가 말랐나이다(질문)

22절 예수께서 그들에게 대답하여 이르시되 하나님을 믿으라(대답: 주제)

23절 내가 진실로 너희에게 이르노니 누구든지 이 산더러 들리어 바다에 던져지라 하며 그 말하는 것이 이루어질 줄 믿고 마음에 의심하지 아니하면 그대로 되리라(주제 부연 1)

24절 그러므로 내가 너희에게 말하노니 무엇이든지 기도하고 구하는 것은 받은 줄로 믿으라 그리하면 너희에게 그대로 되리라(주제 부연 2)

25절 서서 기도할 때에 아무에게나 혐의가 있거든 용서하라 그리하 여야 하늘에 계신 너희 아버지께서도 너희 허물을 사하여 주시 리라 하시니라(주제부연 2-1)

이 단락은 구조가 굉장히 단순하며 주제를 전달하는 방식도 매우 강렬합니다. 20절과 21절은 단락의 배경을 설명하고 있습 니다. 베드로는 무화과나무가 뿌리째 마른 것을 보고 무화과나무 가 말랐다는 이야기를 예수님에게 건넵니다. 그런데 예수님은 느 닷없이 '하나님을 믿으라'고 의미심장한 말씀을 던지십니다.

사실 이 문장은 짧으면서도 굉장히 강력한 두 가지 효과를 내 고 있습니다. 첫째, 형식적으로는 두괄식 구조로 주제를 매우 강 렬하게 던집니다. 둘째, '무화과나무가 마른다는 것'이 구약에서 어떤 의미로 사용되었는지 알아야 예수님의 말씀을 해석할 수 있다는 점에서, 듣는 사람의 구약 지식에 따라 대화가 얼마나 매 끄럽게 진행될지가 판가름날 것입니다.

구약에서 무화과나무가 마른다는 표현은 이스라엘에 대한 하 나님의 심판이 임했다는 맥락에서 사용됩니다(이사야 40:4, 요엘 1:7). 즉, 예수님은 무화과나무가 말랐다는 이야기를 듣고 하나님의 심판이 임한다는 상징적 의미를 붙잡은 것이고, 이에 대한 해결책을 강렬하게 제시하신 셈입니다. "하나님을 믿으라"(22절)라고 말이지요. 하지만 제자들이 예수님의 이런 고차원적 접근 방식을 한 번에 이해하지 못했을 가능성도 있었겠죠? 그래서 예수님은 23절부터 25절까지 주제를 부연하는 설명을 계속 하시면서 주제를 선명하게 만듭니다. 23절의 말씀처럼 '산이 들려서 바다에 던지는' 불가능해 보이는 일도 믿음으로 의심하지 않을 정도로 '하나님을 믿어야 한다'고 설명하십니다. 24절 역시 믿음을 통해 기도하고 구하면 그대로 될 것이기 때문에 '하나님을 믿어야 한다'는 점을 강조하였고, 25절은 24절의 내용을 부연하며 전체 주제를 뒷받침하고 있습니다.

이 단락에서도 24절에서 '그러므로'라는 접속사를 사용해 앞부분과 뒷부분의 인과적 관계를 설명해서 논리성을 강화시키고 있습니다. 또 장문(20-21절), 단문(22절), 장문(23절), 중문(24절), 장문(25절)의 순서로 문장의 길이를 조절해가며 말의 리듬감을 살리는 점도 다른 경우와 동일합니다. 이처럼 예수님의 대화 방식을 보면 말의 논리적 흐름이 상당히 탄탄한 것을 알 수 있습니다.

물론, 모든 대화에서 예수님이 무조건 두괄식으로 말씀하시거나, 모든 대화에서 접속사를 공식처럼 사용하신 것은 아닙니다. 대화 상황에 따라 미괄식 대화를 펼치기도 하셨죠. 특히 비유를 설명하실 때 두괄식과 더불어 미괄식 구성도 사용하셨습니다. 비유라는 표현의 특성상 두괄식으로 이야기하는 것이 불가능하기 때문입니다. 먼저 상징을 비유적으로 보여주고 난 뒤, 그 비유의 의미를 설명하면서 주제를 도출하는 방식이기 때문에 미괄식 흐름이 더 자연스러운 것이지요. 정리하면, 예수님은 두괄식 구조의 장점과 미괄식 구조가 갖는 장점을 상황에 맞춰 조화롭게 사용하셨다고 볼 수 있습니다.

비유의 특징과 미괄식 구조

이번에는 마가복음 4장으로 가보겠습니다. 마가복음 4장에는 세 가지 비유가 등장합니다. ① 땅에 떨어진 네 가지 씨 비유 ② 자라나는 씨 비유 ③ 겨자씨 비유입니다. 먼저, 땅에 떨어진 네 가지 씨 비유부터 보겠습니다. 이 비유는 이렇게 시작됩니다.

들으라 씨를 뿌리는 자가 뿌리러 나가서 뿌릴 새 더러는 길 가에 떨어지매 새들이 와서 먹어버렸고 _마가복음 4:3-4

'들으라'라는 명령어로 청자의 주의를 환기시킨 다음, 바로 '씨 뿌리는 자'가 등장합니다. A(말씀)이라는 실체를 B(씨)라는 사물에 비유하기 위해 B(씨)를 먼저 설명하는 것입니다. 그러니까 우리는 B에 대한 설명을 듣고 나서야 B가 가리키는 것이 사실은 A(말씀)였다는 점을 알 수 있습니다. 전형적인 미괄식 구성입니다. 예수님이 무슨 말씀을 하려고 하시는지 처음에는 짐작할 수 없습니다. 이것이 비유의 특징이기도 합니다.

이러한 미괄식 구성의 장점은 스토리가 흥미진진하게 전달된다는 것입니다. 듣는 사람 입장에서는 귀를 기울이게 되는 것이죠. '어, 저 사람이 무슨 말을 하려고 저러지?'라고 생각하게 만드는 것입니다. 그렇게 화자의 말에 집중하다가, 전혀 생각하지 못했던 결론에 자연스럽게 이르면 무릎을 탁 치게 됩니다. '아, 씨뿌리는 사람이 말씀을 뿌리는 사람이었구나!' 하고 말이죠.

하지만 미괄식 구성은 단점도 있습니다. 적절한 비유나 확실한 설명이 아니면 결론 부분에서 청자에게 실망을 안겨줄 수 있고, 흥미진진함을 느끼게 할 정도로 스토리텔링의 완성도가 높지 않으면 청자의 주목(注目)을 계속 이끌어가기 어렵기 때문입니다. 그러니까, 미괄식 구성을 아주 완성도 높게 잘 사용하는 화자는 스피치를 굉장히 잘 하는 사람이라고 볼 수 있습니다. 이런 면에서도 예수님은 매우 훌륭한 연설가(speaker)라고 볼 수 있습니다.

마가복음 4장에 등장하는 다른 2개의 비유는 첫 번째 비유와 조금 다른 구성입니다. 앞부분에서 주제를 넌지시 던지는 두괄식 구조를 사용했다는 점에서 그렇습니다.

'자라나는 씨 비유'의 경우에는 "하나님의 나라는 사람이 씨를 땅에 뿌림과 같으니"(막 4:26)이라는 말씀으로 시작하면서, 뒤에 이어 등장할 내용이 어떤 것인지 청자에게 힌트를 줍니다. 지금 화자가 말하려는 주제가 '하나님의 나라'라는 점이 제시됐기 때문에, 청자는 화자가 어떤 이야기를 할지 예측하면서 이야기를 듣게 되는 것입니다. 두괄식의 장점이 고스란히 묻어 있는 경우라고 볼 수 있습니다. '겨자씨 비유'도 마찬가지입니다. "또 이르시되 우리가 하나님의 나라를 어떻게 비교하며 또 무슨 비유로 나타낼까"(막 4:30)라고 화자가 단락의 문을 열면서, '아마도 하나님의 나라를 어떤 것과 비교하려는가 보다'라고 청자에게 힌트와 주제를 동시에 안겨줍니다. 예수님은 특히 이렇게 질문을 적극적으로 활용하시며 두괄식과 미괄식의 장점을 골고루 살리는 모습을 보이기도 하셨습니다. 질문을 통해 청자로 하여금 화자가 원하는 대답을 이끌어내는 방식입니다.

제1계명에서 살펴본 마태복음에 담긴 베드로의 신앙고백을 이번에는 마가복음 말씀을 통해 살펴보겠습니다.

28절 제자들에게 이르시되 사람들이 나를 누구라고 하느냐(질문)
29절 제자들이 여짜와 이르되 세례 요한이라 하고 더러는 엘리야, 더러는 선지자 중의 하나라 하나이다(대답)
29절 또 물으시되 너희는 나를 누구라 하느냐(질문)
29절 베드로가 대답하여 이르되 주는 그리스도시니이다 하매(대답)

이 대화는 예수님의 질문과 제자들의 대답으로 이뤄져 있습니다. 우리는 예수님의 질문을 통해서 이 단락의 주제를 예측할 수 있습니다. '예수님의 정체성과 관련된 이야기가 흐르겠구나'라고 짐작할 수 있는 것이죠. 두괄식 구조의 장점을 이끌어낼 수 있는 셈입니다. 이어서 제자들의 대답이 이어지고, 베드로는 '주는 그리스도시니이다'라고 이 단락의 주제를 말합니다. 예수님이 직접 '나는 그리스도이다'라고 말씀하시는 것보다 훨씬 강한 인상을 남기는 방식의 대화법입니다. 미괄식의 특징과 두괄식의 특성이 잘 섞인 대화라고 볼 수 있습니다.

우리는 이러한 예수님의 말하기 방식을 통해서 두 가지를 생각할 수 있습니다. 첫째, 예수님은 두괄식과 미괄식을 자유자재로 사용하셨다는 점입니다. 둘째, 두괄식보다 미괄식을 사용하려면 말하기의 내공이 더 깊어야 한다는 점입니다. 정리하자면, 말의 흐름을 구성할 때 '두괄식이 좋고 미괄식이 나쁘다'는 것이 아니라, '둘 다 장점이 있지만, 기초 단계에서는 두괄식이 더 활용하기 편하다'라고 할 수 있습니다.

예수님의 주도적인 말하기

말의 논리가 분명하다는 것은 남에게 끌려가는 대화가 아닌 내가 주도적으로 이끌어가는 대화를 할 수 있다는 것을 의미합니다. 총알도 없고 논리도 없는 대화를 하는 사람과, 총알도 충분하고 그 총알을 논리적으로 구성해 대화하는 사람의 말하기는 질적으로 다를 수밖에 없겠죠? 그렇기 때문에 얼마나 논리가 분명한 대화를 하는지 여부는 내가 얼마나 주도적으로 대화를 하는지와 직결돼 있습니다. 내가 주도적으로 말을 한다는 것은 그 대화의 흐름을 역동적으로 이끈다는 것을 의미합니다. 쉽게 말해 대화의 키(열쇠)를 내가 쥐고 있다는 것입니다. 대화의 키를 쥐고 가기 위해서는 일단 어떤 말을, 어떤 소재를 활용해서 제때에 꺼내야 할지를 순발력 있게 판단해야 합니다.

예수님은 어떠하셨을까요? 예수님은 원래 주도적인 대화가 가능했던 분이셨을까요? 아니면 신적인 존재이시기 때문에, 모든 것을 다 아시는 하나님의 아들이기 때문에, 절대자로서 대화를 끌고 가실 수 있었던 것일까요? 예수님의 어린 시절 모습이 우리에게 의미 있는 힌트를 던져줍니다. 누가복음 2장 46-50절을 읽어봅시다.

46절 사흘 후에 성전에서 만난즉 그가 선생들 중에 앉으사 그들에게 듣기도 하시며 묻기도 하시니

47절 듣는 자가 다 그 지혜와 대답을 놀랍게 여기더라

48절 그의 부모가 보고 놀라며 그의 어머니는 이르되 아이야 어찌하여 우리에게 이렇게 하였느냐 보라 네 아버지와 내가 근심하여 너를 찾았노라

49절 예수께서 이르시되 어찌하여 나를 찾으셨나이까 내가 내 아버

지 집에 있어야 될 줄을 알지 못하셨나이까 하시니

50절 그 부모가 그가 하신 말씀을 깨닫지 못하더라

누가복음에 담긴 예수님의 어린 시절 이야기는 말을 잘 하는 분으로서 예수님의 모습이 어렸을 때부터 범상치 않았다는 점을 보여줍니다. 12살 나이에 성전에서 선생님들 사이에 앉아 그들에게 '듣기도 하고 묻기도' 했습니다. 12살에 선생님들과 토론을 벌인 것입니다. 놀랍죠!

토론은 어떤 이슈에 대해 내가 지식과 정보를 가지고 있다는 것을 전제로 합니다. 그러니까 12살의 예수님은 그때 가지고 있던 지식을 토대로 선생님들과 토론을 벌인 것입니다. 그런데 이런 예수님의 모습을 보고 "듣는 자가 다 그 지혜와 대답을 놀랍게 여겼다"(47절)는 것이니, 대화와 토론 과정에서 자신의 존재감을 분명하게 드러냈다고 해석할 수 있습니다. 12살 예수님이 지식과 지혜를 가지고 자신의 존재감을 드러내며 어른들과 성공적으로 대화를 하신 것이지요. '듣기도 하고 묻기도' 하는 제대로 된 소통 방식을 통해, 자신이 가진 '총알'인 지식과 지혜로 주체적인 대화를 구체적으로 이끌어갔다고 볼 수 있는 것입니다.

더 재미있는 것은 부모를 만난 예수님의 반응입니다. "왜 말도 안 하고 사라져서 우리를 놀라게 하느냐?"는 부모님의 질문에 "내가 아버지 집에 있어야 될 줄을 알지 못했습니까?"(49절)라고 반문하신 것이지요. 이 말 한 마디만 보더라도 당시 대화의 주도권은 12살의 예수님이 가지고 있었습니다. 예루살렘 성전이 자신의 집이라는 자기 주장으로 상대방의 질문에 주체적으로 반박한 것입니다.

이 대화에서 예수님은 단순한 청자나 구경꾼이 아니라, 주체적인 동시에 적극적으로 대화에 참여하는 모습을 보이고 있습니다. 요즘 말로 하면 참여형, 자기주도형 대화입니다. 특히 예수님은 '내 아버지의 집'이라는 말을 통해, 이때부터 자신이 하나님의 아들이라는 점을 인식하고 있었으며, 앞으로 인생의 방향이 어떻게 진행될지 암시하기도 하셨습니다. 굉장한 신학적 의미가 담겨 있는 말을 자기 주도권을 가진 대화 방식을 통해 드러내신 것입니다. 뒤집어 말하면, 자기 주도권을 가진 주체적 대화 방식을 통하면 깊은 의미까지 담아낼 수 있는 것입니다.

품격있는 말하기가 어렵다고 느껴지시나요? 그렇다면 이것을 기억하시면 좋겠습니다.

"썰풀기와 말하기는 전혀 다르다."

예수처럼 말하는 법, 우리의 말 품격을 위한 제4계명입니다.

말하기는
몸으로도 할 수 있다

춘천 하면 닭갈비나 막국수부터 떠오르시나요? 닭갈비와 막국수
가 춘천의 트레이드마크 가운데 하나라고 볼 수 있지만, 요즘엔
춘천 하면 마임을 떠올리는 분도 많은 것 같습니다. 1993년부터
해마다 5월에 춘천에서 마임축제가 열리기 때문입니다.

　몸짓으로 연기하는 마임을 보고 있으면 인간의 소통이 목소리
를 통한 말뿐 아니라 몸으로도 가능하다는 것을 너무나 분명히
느낄 수 있습니다. 몸짓, 눈빛, 표정 등을 통해서 선명하게 전달
되는 메시지를 느낄 때면 '역시 말은 입만 가지고 하는 것이 아
니로구나' 하는 사실을 깨닫게 됩니다. 소통의 행위로서의 말이
눈과 입과 귀와 몸짓과 시선 등으로 대표되는 비언어적 커뮤니

케이션과 이상적으로 조화를 이룰 때, 제대로 된 소통이 가능한 것입니다.

본질적 말하기와 찰리 채플린

'마임의 전설'이라고 불리는 인물이 있습니다. 무언극의 몸짓 연극을 통해 연기를 배우고 미국에서 순회공연을 하다가 할리우드로 초청된 영국 남자, 바로 찰리 채플린입니다. 여전히 많은 사람들은 마임과 채플린을 말할 때 이렇게 표현합니다.

"시대는 바뀌어도 전설은 바뀌지 않는다."

〈모던 타임스〉(Modern Times)는 채플린의 영화 가운데 한국 사람들에게 대중적으로 잘 알려진 작품입니다. 이 영화가 제작된 것이 1936년이니 만들어진 지 벌써 80년도 더 된 작품입니다. 긴 세월 속에서도 생명력을 유지하며 숨을 내쉬는 작품을 고전이라고 한다면, 이 작품은 분명히 고전입니다. 흑백의 지직거리는 화면이 어색하게 느껴질 수는 있어도, 그 안에 담긴 메시지만큼은 지금 보아도 화려한 할리우드 상업영화와 비교하기 어려울 정도로 훌륭합니다. 산업혁명이 가져다주는 삶의 변화를 날카롭게 비판하여, 채플린은 이 영화 때문에 공산주의자로 몰려 미국에서 쫓겨나기까지 합니다. 자신의 목소리 한 번 내지 않고, 말 그대로 무언극을 통해 세상을 흔들어놓은 셈이죠.

채플린의 무언극을 보면 말보다 무서운 것이 무엇인지에 대해 새삼 생각해보게 됩니다. 말하기를 위한 총알을 아무리 논리적으로 잘 준비해도, 그것을 전달하는 통로가 훨씬 중요할 수 있기 때문입니다. 이 통로가 제대로 뒷받침되지 않거나 품질이 떨어진다면, 자신이 말한 것을 받아들이는 사람들이 달갑게 느끼기 어려울 것입니다. 소통의 통로만 제대로 돼 있다면, 비록 준비한 총알(정보)의 품질이 조금 기대에 못 미치더라도, 그 정보가 더 그럴싸하게 받아들여질 수 있습니다. 또한 입으로 나오는 말이 없어도 메시지가 확실히 전달됩니다. 마임도 그런 통로가 될 수 있습니다. 찰리 채플린이 보여주었듯이 말이죠.

이처럼 말하기에서 말 못지않게 중요한 통로가 말 이외의 것들, 이른바 비언어적 영역입니다. 말을 하면서 시선(눈)을 어디에 둘지, 제스처(손과 팔)는 어떻게 할지, 상대방의 말에 어느 정도로 고개를 끄덕일지, 목소리의 톤은 어떻게 할지 같은 비언어적 요인들이 말하기의 성패를 가름하는 데 꽤 중요한 역할을 하는 것입니다.

내용은 별 것이 없어도 예쁘고 잘생긴 사람이 좋은 목소리로 말하면, 사실 듣는 사람 입장에서는 귀가 열리고 집중하게 됩니다. 반대로 아무리 내용이 좋아도 목소리가 귀에 거슬릴 정도로 이상하거나 상대를 쳐다보지 못하는, 이른바 시선 처리를 못하는 사람의 말하기는 듣기 어렵고 매력 지수가 떨어지는 것이 사실입니다. 말의 품격이 입에서 나오는 말이 아닌 다른 요소로 판가

름날 수도 있다는 것을 보여주는 것입니다. 그래서 비언어적 요인은 개인차가 클 수밖에 없습니다. 원래 타고난 사람의 비언어적 소통 능력을 단숨에 뛰어넘기가 어렵습니다.

비언어적인 의사소통에 강한 사람들은 세밀한 몸짓과 시선으로도 의사소통을 잘 합니다. 동시에 상대방의 말뿐 아니라 몸짓과 시선에서도 메시지를 잘 읽어냅니다. 그래서 비언어적 소통 능력이 강한 사람들은 대체로 눈치가 빠릅니다. 남성보다 여성이 더 감성적이고 디테일하게 접근을 잘 하는 편입니다. 눈치 빠르게 의사소통이 잘 되니 대화하는 상대방이 선호할 수밖에 없는 대화자가 되는 것입니다.

우리는 이런 능력을 타고났거나 갖춘 사람들이 하나님의 은혜를 받은 것이라고 마냥 부러워할 수만 없습니다. 그들이 가지고 있는 능력에 버금갈 만한 노력을 우리도 평소에 해야 합니다.

이 장에서는 이른바 '비언어적 커뮤니케이션'의 가장 기본적인 세 가지를 살펴보면서 실천적으로 접근할 수 있는 방법들을 살펴보겠습니다. 그 세 가지는 '시선 처리', '몸짓', 그리고 '목소리'입니다.

'시선 처리'를 하는 법

시선 처리란 나의 눈빛을 상대방에게 어떻게 비출 것인가 하는 것입니다. 그런데 말을 하면서 시선 처리를 제대로 못하는 것은 말을 못하는 사람들의 대표적인 공통점입니다. 상대방의 눈을 뚫어져라 쳐다볼 수도 없고, 어디를 봐야 할지도 모르겠고, 사람들이 많을 때는 어떻게 해야 할지 더 모르겠다고 합니다.

먼저, 성경 말씀 한 구절을 보겠습니다.

이에 사람을 보내어 그를 데려오매 그의 빛이 붉고 눈이 빼어나고 얼굴이 아름답더라 여호와께서 이르시되 이가 그니 일어나 기름을 부으라 하시는지라 _사무엘상 16:12

사무엘 선지자가 다윗에게 기름을 붓는 순간입니다. 이때 다윗에 대한 묘사가 참 인상적입니다.

"눈이 빼어나고 얼굴이 아름답더라."

상대방의 눈이 빼어나고 얼굴이 아름답다는 것은 이 사람에 대한 꽤나 긍정적인 표현으로 볼 수 있습니다. 외형을 바라보고 평가한 이 문장에서 순서를 보시죠. '눈이 빼어나고'가 먼저 언급된 뒤에 '얼굴이 아름답다'라는 표현이 나옵니다. 즉, 마음의 중심을 의미하는 눈빛이 빼어나다는 점을 이야기하고 나서 얼굴이 아름답다는 외형에 대한 평가를 한 것입니다. 이 말씀에서 다윗은 겉모습만 아름답다는 것이 아니라 마음의 중심도 훌륭한 사람이고, 여호와 하나님은 마음의 중심을 먼저 보는 분이라는 의미까지 함께 해석될 수 있습니다.

인간에게 눈빛은 이토록 중요한 부분입니다. 더구나 시선은 자신의 눈빛을 전달하는 통로이기 때문에 소홀히 다룰 수 없습니다. 그런데 많은 사람들이 '나의 시선'과 '상대의 시선'이 서로 부딪치는 것을 부담스러워 합니다. 말을 할 때 상대의 시선과 자기 시선이 정면으로 마주치면 마치 자신의 속마음을 들키는 것처럼 느끼는 것이지요. 그래서 말을 하면서도 시선이 서로 부딪히는 걸 피하기 위해 눈을 이리저리 돌리다 보니 자기 말을 듣는 상대방이 어수선하게 느끼는 것이고, 말을 하는 사람은 시선 처리에 정신이 팔려 정작 중요한 말의 내용에 집중하지 못합니다. 결국 이런 악순환의 고리에서 벗어나지 못하게 됩니다.

시선 처리가 부끄럽거나 부담스러운 사람들은 시선 처리 문제를 어떻게 해결해야 할까요? 이런 분들은 눈과 눈이 마주치는 대신, 상대방의 코나 코와 입술 사이(인중)를 바라보면 부담감을 조금이라도 덜 수 있습니다. 상대의 눈이 아닌 얼굴의 다른 부위를 쳐다보는 것입니다. 상대방의 코앞에서 말을 하지 않는 이상, 말하는 사람(sender)과 말을 듣는 사람(receiver) 사이에는 어느 정도 거리가 있기 마련입니다. 그래서 상대방의 코나 그 아래의 인중을 보아도, 상대방은 앞사람이 마치 자신의 눈을 보고 있는 것처럼 느낍니다. 시선의 왜곡이 발생하면서, 눈을 마주치지 않아도 눈이 마주치는 듯한 느낌을 받는 것입니다.

어쨌든 우리에게 중요한 것은 눈과 눈의 마주침을 피하면서 눈과 눈이 마주치는 효과를 내는 것입니다. 그것을 통해 심리적으로 부담스러운 느낌을 줄일 수 있습니다. 따라서 시선을 어디에 둘지 모르겠거나 눈을 마주치기가 부담스러운 분들은 상대방의 시선은 피하되, 눈 주변, 특히 코와 코 주변에 시선을 둘 것을 추천합니다.

상대방의 눈 대신 코를 바라보며 시선 처리를 하는 방법은 제게도 매우 효과적이었습니다. 생방송에서 게스트가 출연할 때, 특히 그 사람이 여러 이유로 부담스러운 인물일 때 톡톡히 효과를 볼 수 있었습니다. 30대 초반의 젊은 앵커가 나이 많은 정당 대표와 대담을 해야 했던 상황을 떠올려 보세요. 저는 출연자의 존재감에 압도당해 기가 죽을 것만 같았는데, 눈빛만 마주치지 않아도 기죽지 않고 내 할 말을 할 수 있다는 것을 그날 생방송을 통해 깨달았습니다.

'몸짓' 활용법

어떤 상황이든 몸짓은 잘만 활용하면 말하는 상황을 자연스럽게 만들어주고 말에 포인트도 줄 수 있는 아주 효율적인 수단입니다. 하지만 손짓으로 말에 포인트를 주고, 고개를 끄덕이며 상대방과 소통하는 모습을 보여주는 것이 생각만큼 간단하지 않습니다. 그래서 많은 경우 몸짓을 잘 활용하기 위해 어디서부터, 어떤 방식으로 접근해야 할지 혼란스럽기 마련입니다.

대화를 하면서 어떤 몸짓을 해야 할지를 가장 잘 보여주는 자료가 TED 영상입니다. 한국에서 유사한 강연 프로그램은 '세바시'(세상을 바꾸는 시간, 15분)이지요. TED 영상을 즐겨 보시는 분들은 잘 아시겠지만, 외국 사람들은 몸짓과 손짓을 굉장히 익숙하고 편안하게 활용합니다. 당당하게 이야기할 때는 한 손을 올리거나 주먹을 쥐며 자신감을 내보이기도 하고, 감사의 마음을 담는 이야기를 할 때는 자연스럽게 두 손을 쥐며 마치 기도하듯 간절함을 보이기도 합니다. 말을 하는 나는 한 손을 들거나 주먹을 살짝 쥐었을 뿐인데, 듣는 사람은 자신감 있는 행동으로 해석합니다. 말하는 나는 그저 가슴에 두 손을 대고 주먹을 불끈 쥐거나 기도하는 듯한 자세를 취했을 뿐인데, 듣는 사람은 내가 어떤 간절함이나 애절한 바람을 표현하는 것으로 받아들이기 때문입니다.

내가 말을 하면서 손을 들든 두 손을 모으든, 돈이 드는 행동이 아닙니다. 그저 하면 됩니다. 그런데 보는 사람들에게는 정서적인 반응으로 이어지는 효과를 내는 것이 바로 몸짓입니다. 우리가 몸짓을 별것 아닌 것으로 치부해선 안 되는 이유입니다.

한국 사람들은 공식적인 대화 자리에서 이 중요한 몸짓에 인색한 경우가 많습니다. 유명한 목회자들의 설교 장면을 영상으로 보면 대체로 조금은 경직된, 그러면서 위엄 있는 반듯한 자세로 설교를 하는 경우가 많습니다. 주로 설교 단상에 있는 마이크를 통해 목소리만 전달하고, 두 팔은 연단을 잡고 있거나 성경책을 만지는 정도입니다. 가끔 손을 드는 정도의 가벼운 몸짓을 하기도 합니다.

반면 외국 설교자의 설교 영상을 보면 꽤 자유로운 모습을 많이 볼 수 있습니다. 마치 스티브 잡스가 새 아이폰을 소개할 때 같습니다. 이어폰과 마이크 기능이 합쳐진 이어마이크를 귀에 거는 경우도 많습니다. 두 손을 자유롭게 활용하고 좌우로 걸어 다니면서 청중과 거리를 좁힐 수 있기 때문입니다.

문화적 차이도 있는 부분이라 무엇이 옳다고 단정하기는 어렵지만, 요즘 젊은이들은 전자보다 후자에 좀 더 익숙할 것 같습니다. 보기에 편하고 젊은이들의 말하기 방식에 더 닮아 있기 때문입니다. 따라서 요즘에는 목회자들이 설교할 때 두 손을 편안하게 사용하거나, 아예 이어마이크를 착용하는 것이 소통의 측면에서 상당히 효과적일 것입니다.

몸짓은 기본적으로 어색하지 않고 자유로워야 합니다. 특히 자기 몸과 어울려야 합니다. 내 몸과 맞지 않는 몸짓은 어색하게 느껴집니다. 몸짓에 대한 고민을 하는 사람은 자기가 어색하지 않게 가장 편안하게 할 수 있는 몸짓을 찾아야 합니다. 남이 한다고 다 따라할 필요는 없습니다.

저는 방송할 때 왼손과 오른손을 번갈아 내밀며 제 생각을 강조하는 수단으로 활용하려고 노력했습니다. 이런 저의 손짓에 거부감을 느낀 사람들은 "마치 중국집에서 요리 주문을 받는 사람

같다. 왼손을 내밀 때는 '짬뽕이요' 오른손을 내밀 때는 '짜장면이요'라고 말하는 것 같다"고 비판적 조언을 해주기도 했습니다. 일견 타당한 지적이었지만, 저는 제가 편안하게 느끼는 내 몸짓을 억지로 수정하려고 노력하진 않았습니다. 내가 편하게 느끼고 있고, 나의 말하기를 잘 뒷받침해주는 비언어적 요소라고 판단했기 때문입니다.

일단 제가 하는 몸짓이 편해야 제가 하는 말에 힘이 실리고 논리력이 강화될 수 있습니다. 대화의 상대가 아닌 제3자의 지적이나 조언도 중요하지만, 말하기의 전체 과정에서 더 중요한 것은 나 자신의 편안함과 자신감이라고 생각합니다.

그렇기 때문에 '좋은 몸짓은 무엇이다'라고 칼로 무 자르듯 기준을 나눌 수는 없습니다. 누군가는 한 손을 펼쳐 올리는 것이 가장 자연스러운 몸짓일 수 있고, 누군가는 두 손을 모으는 자세가 가장 편할 수 있습니다. 이건 사람마다 달라서 어떤 것이 더 좋다고 규정하기 어렵습니다. 좋은 몸짓에 대한 정답은 없는 것 같습니다. 내가 편하고 상대방이 보았을 때도 부담 없는 몸짓, 그리고 나의 말하기를 더 편안하게 전달하는 데 도움이 되는 몸짓이 나에게 가장 좋은 몸짓이 아닐까 싶습니다.

그러므로 몸짓 언어의 정답은 사람마다 다릅니다. 각종 제스처(gesture) 중에서 자신이 가장 마음에 들고 편하게 느끼는 것을 선택해 활용하면 됩니다. 당장 여러 선택지를 놓고 골라야 하는 문제가 아닙니다. 개인별로 고민해서 취사선택을 하면 됩니다.

그러면 어떻게 취사선택을 하면 될까요? 어렵지 않습니다. TED 영상을 한 10개 정도만 보시면 어떤 몸짓이 공통적으로 보일 것입니다. 그 중에서 어떤 것을 취하고 싶다는 생각이 들 것입니다. 그걸 따라해보고 자신에게 편하게 느껴지면 사용하면 되는 것입니다.

중요한 말을 하는 순간에, 나의 말하기에 날개를 달아줄 몸짓을 고민해보십시오. 아마 예상하지 못한 커다란 유익이 기다리고 있을 것입니다.

'목소리' 보완법

시선, 몸짓, 목소리 가운데 교정하기 가장 어려운 것이 목소리(음성)입니다. 이건 워낙 선천적인 요인이 크게 작용하는 부분입니다. 허스키한 목소리가 어느 날 갑자기 소프트한 목소리로 바뀌지 않습니다.

목소리에 대한 접근 방법은 두 가지로 구분할 수 있습니다. 지금 내가 가진 목소리의 장점을 활용할 것이냐, 아니면 내 목소리의 단점에 집중해 새로운 목소리를 만들기 위해 노력할 것이냐 하는 것입니다.

예를 들어 화자인 나의 목소리가 허스키합니다. 원래 그런 것일 수 있고, 간혹 담배를 많이 피워 후천적으로 그렇게 된 것일 수도 있습니다. 어쨌든 나의 목소리는 현재 허스키합니다. 그렇다면 말하기를 잘 하고 싶은 나는 선택을 해야 합니다. 허스키한 목소리의 장점을 살릴 것인가, 아니면 허스키한 목소리 자체를 바꿀 것인가를 고민하는 것입니다.

만약 제 상황이 그렇다면, 저는 주저 없이 전자를 선택하겠습니다. 자기 목소리를 자기의 캐릭터로 만들고, 자기가 생각하는 자기 목소리의 단점을 보완하여 장점으로 만드는 방식이 더 현명하고 효율적이기 때문입니다. 발음을 명확하게 하고, 말하는 상황이나 내용에 따라 목소리의 톤을 조절하고 논리력을 강화해서, 결과적으로 듣는 사람으로 하여금 내 목소리의 단점을 느끼지 못하게 하는 것이 더 중요하고 효과가 큰 방법입니다.

가끔 스피치학원이 '보이스트레이닝'이라는 제목으로 내건 '누구나 노력하면 60일 만에 목소리가 바뀐다'는 광고 문구를 보게 됩니다. 그런데 솔직히 말씀드리면, 목소리라는 것이 고작 두어 달 노력한다고 쉽게 바뀌지 않습니다. 허스키 보이스가 한두 달 안에 꾀꼬리 같은 목소리로 바뀐다면, 그것이야 말로 기적이라고 할 것입니다. 목소리는 선천적인 것으로 하나님이 우리에게 주신 것입니다.

단점일 수 있는 목소리를 장점으로 바꾸어 좋은 성과를 낸 사람으로 방송인 김제동 씨를 꼽을 수 있습니다. 김 씨의 목소리는 솔직히 말해 아름답지 않고 매력적이지도 않습니다. 사투리가 강한데다, 흔한 말로 미남도 아닙니다. 그런데 그의 말에는 힘이 있습니다. 그가 가진 목소리나 외모가 오히려 그의 캐릭터가 되었습니다. 그만의 특징이 된 것입니다. 특유의 설득력과 상황 설명력이 그의 말하기를 꽤 매력적인 것으로 만들어버렸습니다. 억지로 바꿀 수 없는 것을 바꾸려는 노력보다, 김 씨처럼 바꿀 수 있는 것을 발전시켜 바꿀 수 없는 것의 단점을 보완하는 노력이 더 현실적이지 않을까요?

물론 목소리를 강화하기 위한 노력을 아예 할 필요가 없다는 이야기는 아닙니다. 억지로 목소리를 바꾸는 것은 힘이 들어도, 목소리를 매력적으로 만드는 노력은 필요하기 때문입니다. 호흡과 발성을 제대로 연습하는 방식을 통해 목소리를 좀 더 매력적으로 느껴지게 만들 수는 있습니다. 필요하다면 노력은 해야 합니다. 목소리를 다듬는 연습, 이른바 '보이스 트레이닝'에 대한 이야기는 제10계명에서 좀 더 자세히 이야기하도록 하겠습니다.

예수님의 비언어적 커뮤니케이션

예수님의 비언어적 커뮤니케이션 능력은 어떠하셨을까요?

2천 년 전 예수님의 설교 영상이 남아 있다면 쉽게 알 수 있겠지만, 우리가 해석할 수 있는 자료는 성경이라는 문헌뿐입니다. 우리는 예수님의 시선 처리나 목소리가 어땠는지 알 수는 없습니다. 다만, 커뮤니케이션 과정에서 몸을 활용하셨다는 측면에서, 예수님의 비언어적 커뮤니케이션 능력 또한 훌륭했다는 점은 상상해볼 수 있습니다. 마태, 마가, 누가복음 모두에 담겨 있는 나병환자 치유 기사가 그 상상을 가능하게 해줍니다.

> [1]예수께서 산에서 내려 오시니 수많은 무리가 따르니라 [2]한 나병환자가 나아와 절하며 이르되 주여 원하시면 저를 깨끗하게 하실 수 있나이다 하거늘 [3]예수께서 손을 내밀어 그에게 대시며 이르시되 내가 원하노니 깨끗함을 받으라 하시니 즉시 그의 나병이 깨끗하여진지라
>
> _마태복음 8:1-3

이 대화는 '나병환자의 요청 > 예수님의 신체 접촉 > 치유 기적'의 흐름으로 진행되는 구조를 가지고 있습니다. 여기서 우리가 관심 있게 보아야 할 부분은 예수님이 나병환자의 몸에 손을 내밀어 신체 접촉을 했다는 가운데 부분입니다.

구약에서 나병환자는 부정한 존재로 규정돼 있기 때문에 접촉할 수 없는 존재로 여겨졌습니다.

> [44]이는 나병환자라 부정하니 제사장이 그를 확실히 부정하다고 할 것은 그 환부가 그 머리에 있음이니라 [45]나병환자는 옷을 찢고 머리를 풀며 윗입술을 가리고 외치기를 부정하다 부정하다 할 것이요 [46]병 있는 날 동안은 늘 부정할 것이라 그가 부정한즉 혼자 살되 진영 밖에서

나병환자는 부정한 존재이기 때문에 진영 밖에서 혼자 살아야 한다고 모세 율법이 규정하고 있습니다. 그렇다면 예수님은 모세 율법이 정한 규율을 어기고 나병환자를 가깝게 접촉한 셈입니다. 예수님은 구약성경이 금지한 것조차 감당하며 나병환자와 신체 접촉을 함으로써 치유의 기적을 보여주신 것입니다. 이게 무슨 의미일까요?

예수님은 "내가 원하노니 깨끗함을 받으라"라는 말씀을 통해 말씀으로 기적을 일으킬 수 있는 메시야로서의 권능을 보여주는 동시에, 구약 시대에 금지하여 다른 사람 모두 꺼리는 신체 접촉 행위, 즉 나병환자에게 손을 내미시는 모습으로 사랑의 메시지를 함께 전달하신 것입니다. 예수님의 신체 접촉이 사랑의 메시지를 전달하는 비언어적 커뮤니케이션의 일환인 셈입니다.

다음으로, 유명한 요한복음의 세족식 장면으로 가보겠습니다.

5이에 대야에 물을 떠서 제자들의 발을 씻으시고 그 두르신 수건으로 닦기를 시작하여 6시몬 베드로에게 이르시니 베드로가 이르되 주여 주께서 내 발을 씻으시나이까 _요한복음 13:5-6

세족식은 섬김을 받기에 충분한 예수님이 스스로를 낮추시고 섬기는 행위를 통해 사랑의 정신을 보여주는 의미를 담고 있습니다. 제자들의 발을 씻겨주는 행위에 겸손과 낮아짐의 메시지를 충분히 담아내신 것이지요. 입으로 하는 말보다 비언어적 행위로 겸손과 섬김의 메시지를 더 효과적으로 전달하신 것입니다. 세족식이라는 비언어적 행위를 통해 제자들에게 복음적 가르침을 전달했다는 것만으로도, 예수님이 비언어적 커뮤니케이션의 특징을 매우 효과적으로 활용하셨다고 볼 수 있습니다.

말만 신경 쓰기도 버거운데 손짓과 시선까지 신경 쓰려니 부담스럽게 느껴지시나요? 그래도 어쩔 수 없습니다. 아무 노력 없이 품격있는 말을 하는 사람이 될 수는 없을 테니까요. 그러니 이 말도 꼭 기억하면 좋겠습니다.

"말하기는 몸으로도 할 수 있다."

예수처럼 말하는 법, 우리의 말 품격을 위한 제5계명입니다.

2부

예수처럼 말하는 기술

기교가 아닌
기본에 충실해야 한다

가수나 작곡가들이 심사위원을 맡는 오디션 프로그램에서 심사평이 기사화되는 경우가 많습니다. 특히 박진영 씨의 경우 K팝스타(KPOP STAR)에서 꽤 독특한 자신만의 철학으로 독특한 호평이나 혹평을 가한 경우가 많아서인지, 다른 심사위원보다 심사평에 대한 기사가 더 자주 나왔던 것 같습니다.

한 번은 오디션 프로그램에 꽤 노래를 잘 하는 것으로 보이는 고등학생이 출연했을 때였습니다. 다른 심사위원들은 합격 판정을 했는데, 박진영 씨는 "기교 부리는 것을 노래 잘 하는 것으로 알고 있는 참가자"라고 혹평하며 불합격 판정을 내렸습니다. 다른 심사위원들이 합격이라고 했기 때문에 박 씨의 혹평이 도드

라진 것인지 모릅니다. 저는 심사 결과보다 박 씨의 심사 멘트가 오래 기억에 남았습니다.

"기교를 부리는 것이 노래를 잘 하는 것은 아니다."

기교보다 우선 기본이 중요하다는 뜻이었습니다.

그의 말은 노래 부르기뿐 아니라, 우리가 추구하는 말하기의 본질에도 적용할 수 있습니다.

"기교를 부리는 것이 말을 잘 하는 것은 아니다."

나는 또박또박 말하고 있을까?

당신은 말을 빠르게 하는 편인가요? 느리게 하는 편인가요? 아니면 적당히(적당한 속도로) 하는 편인가요?

'말을 빠르게 한다, 느리게 한다'는 것은 '말을 한다'는 행위의 기본 중에서 약간의 속도 차이일 뿐입니다. 말을 하긴 하는데, 느리게 하거나 빠르게 하거나 적당한 속도로 하는 것이죠. 말하는 속도는 말하기의 기본 기술 중 하나입니다. 말의 속도는 발음과 상당히 밀접한 관계가 있습니다.

크리스천다운 말의 품격, 예수처럼 말하는 법, 제6번째 계명으로 말하기의 기본 기술에 대해 이야기를 나눠보도록 하겠습니다. 기본을 어떻게 숙지하고 실천하느냐에 따라 말하기의 본질에 더 충실히 접근할 수 있기 때문입니다.

이번에도 역시 궁금합니다. 과연 예수님의 말하기 속도는 어떠셨을까요? 말을 천천히 하셨을까요? 빠르게 하셨을까요?

이 역시 우리가 예수님의 설교 영상을 볼 수 없어서 실제로 어떠셨을지 알 수 없습니다. 다만, 예수님이 말씀하실 때 제자들이 예수님의 말씀을 이해하지 못해 질문한 경우는 있어도, 말의 속도 같은 전달력에 문제가 있어서 제자들이 예수님께 질문한 적는 없습니다. 예를 들어 성경에는 "예수께서 말씀하시자 제자들이 묻되, 주여 방금 전에 하신 말씀이 무슨 말입니까? 주의 목소리가 작아서(혹은 너무 빨라서) 잘 들리지 않았습니다"라는 이야기는 없습니다. 아마도 예수님의 경우, 듣는 사람이 예수님이 말하시는 내용의 의미를 이해하지 못해 질문한 경우는 있어도, 발음이 옆으로 새거나 목소리가 작아서 질문을 받으신 적은 없었던 것 같습니다. 저로선 막연한 추측이지만, 신약성경에 담긴 예수님의 다양한 설교 장면을 보면 그렇다는 것입니다. 혹시 예수님의 긍정적인 모습만 담기 위해 성경 저자가 부정적인 부분을 의도적으로 기록하지 않았을 수도 있겠지만, 다른 면에서는 신적인 모습뿐 아니라 인간적인 모습까지 자세히 기록한 것을 보면 그러지는 않았을 것입니다.

발표하기를 겁내는 사람들 가운데는 발표를 하다 자신의 발음이나 말의 속도에 대해 지적받는 것을 두렵게 생각하는 사람도 있습니다. 그만큼 발음과 말하는 속도는 이것에 자신없는 사람들에게는 간단치 않은 과제입니다. 하나씩 살펴보겠습니다.

원래 말이 빠른 사람은 어떻게 하나?

군이 말하는 속도에 대해 의식하지 않더라도 '적당한 속도'로 말을 한다고 사람들에게 평가를 받는다면 무척 '큰 은혜'를 받은 것이라고 생각해야 합니다. 말을 적당한 속도로 해서 듣는 사람에게 편안한 느낌을 준다는 것이 말이 쉽지 누구나 쉽게 할 수 있는 일은 아니기 때문입니다. 말하는 속도가 조금 느린 편이 차라리 '적당한 은혜'를 받은 것에 해당합니다. 말이 느린 사람은 속도를 조금만 높이면 되기 때문입니다.

문제는 원래 말이 빠른 사람입니다. 말이 빠르면 기본적으로 발음이 뭉개지는 경우가 많습니다. 빨리 말하다 발음이 겹치거나 뭉개져 의사전달이 제대로 안 될 때가 생깁니다. 발음이 그렇다 보니 당연히 또박또박 말하지 않게 되지요. 그래서 말의 속도 세 가지, 빨리 말하기, 느리게 말하기, 적당한 속도로 말하기 중에 가장 안 좋은 경우는 말을 습관적으로 빠르게 하는 사람입니다.

저는 사실 말이 무척 빠른 편입니다. 평소에도 약간 흥분을 하면 말이 빨라지고, 생방송 중에 돌발 상황이 벌어지면 말이 더 빨라지곤 했습니다. 긴장하거나 흥분하면 말이 빨라지는 고질적 습관 때문에, 앵커로 일할 때 꽤나 애를 먹었습니다. 저처럼 말이 빨라 고민인 분들에게, 생활 속에서 실천할 수 있는 아주 간단한 세 가지 방법을 소개합니다.

첫째, (의식적으로) 천천히 말하자

공식적인 자리든 사적인 자리든, 말을 할 때는 언제든지 '의식적으로' '천천히 말하자'라고 생각해야 합니다. 의식적이면서 습관적으로, 한 마디 말을 하더라도 '천천히 말하자'를 주문처럼 떠올리는 것입니다. 그러면 입을 열어야 하는 어떤 순간에도 이런 생각이 의식적으로 떠올라, 천천히 말하려고 노력하는 자신을 발견할 수 있습니다.

둘째, (의도적으로) 또박또박 말하자.

표준 발음에 맞춰서 의도적으로 또박또박 발음하는 연습이 필요합니다. 정확한 발음으로 말하기를 노력하면 단어 하나하나를 발음하는 데 더 신경을 쓰게 됩니다. 단어를 정확히 발음하다 보면 단어와 단어를 발음하다가 엉키는 경우가 현저히 줄어듭니다. 말이 습관적으로 빨랐던 사람이 발음이 엉키거나 겹치지 않을 정도로 단어와 단어를 정확하게 발음하는 정도가 되면, 일단 말하는 속도는 정상 궤도에 오른 것으로 볼 수 있습니다.

셋째, 서술어는 분명하게 말하자.

주어와 서술어 가운데 서술어를 좀 더 또박또박 말하는 것도 중요합니다. '내가 너를 좋아해'라는 문장에서 핵심은 '좋아해'입니다. 이 예와 같이, 서술어에 담긴 정보가 문장의 핵심 정보를 실어 나르는 경우가 대체로 많습니다. 그래서 가급적 서술어에 조금 더 신경을 써서 발음하는 연습이 필요합니다. '내가 너를 좋아해'라는 문장에서 '내가'는 발음이 조금 뭉개져도 의사전달에 큰 문제는 없습니다. 하지만 '좋아해'가 뭉개지면 얘기는 달라집니다.

"천천히, 또박또박, 서술어는 분명하게!"

이 세 가지가 별 것 아닌 방법 같지만, 이 세 가지를 잘 하는 사람이 의외로 많지 않습니다. 이것만 잘 지키고 의식적이고 의도적으로 노력해도 말하기의 기본 단계에는 접어들었다고 볼 수 있습니다.

그러면 예수님은 어떠셨을까요? 천천히, 또박또박, 서술어를 분명하게 발음하셨을까요? 예수님의 설교 장면을 담은 성경 구절을 읽어보면, 예수님은 아마도 상당히 차분하게 이야기하시는 스타일이 아니셨을까 싶습니다. 오병이어 사건 현장을 상상해보아도 그렇습니다.

34예수께서 나오사 큰 무리를 보시고 그 목자 없는 양 같음으로 인하여 불쌍히 여기사 이에 여러 가지로 가르치시더라 35때가 저물어가매 제자들이 예수께 나아와 여짜오되 이 곳은 빈 들이요 날도 저물어가니

_마가복음 6:34-35

예수님은 목자가 없는 것처럼 보이는 백성들을 안타깝게 여기시고 이들에게 여러 가르침을 주셨던 것 같습니다. 그런데 말씀을 하시다 보니 '때가 저물어' 갔던 것이죠. 아마도 식사 시간을 넘겼는데, 예수님의 설교가 계속 길어지면서 제자들이 눈치를 보고 있었을 것 같습니다. 그 정도로 예수님은 시간에 구애받지 않고 차분하게 말씀하시는 스타일이었을 것 같습니다. 물론 이 상상은 문맥에 근거한 것입니다만, 어쨌든 예수님의 전반적인 설교 스타일을 보면 말이 빠르거나 발음이 뭉개지거나 중요한 부분을 제대로 강조하지 못하지는 않으셨을 것입니다.

잘 틀리는 발음

참고로 하시라고, 사람들이 일반적으로 틀리게 발음하는 단어들을 정리했습니다. 이런 단어는 발음이 빨라지면 더 틀리기 쉽습니다. 자신이 틀리게 발음하는 단어가 몇 개나 되는지 살펴본 뒤, 따로 연습해보십시오.

[밟다]	밥:따(O)	발따(X)
[넓죽하다]	넙쭈카다(O)	널쭈카다(X)
[감기]	감:기(O)	강기(X)
[옷감]	온깜(O)	옥깜(X)
[있고]	읻꼬(O)	익꼬(X)

[젖먹이]	전머기(X)	점머기(X)
[문법]	문뻡(O)	뭄뻡(X)
[꽃밭]	꼳빧(O)	꼽빧(X)
[창고]	창고(O)	창꼬(X)
[구속영장]	구송녕짱(O)	구소경짱(X)
[한강]	한강(O)	항강(X)
[교과서]	교과서(O)	교꽈서(X)

속도 조절이 중요하다

듣는 사람이 말을 들을 때는 밋밋한 말보다 귀에 자극을 주는 말하기에 귀를 더 열기 마련입니다. 그래서 말의 속도 조절은 듣는 사람의 귀를 열게 하는 아주 간단한 방법입니다.

말할 때의 문장 길이를 단문 위주로 하되, 장문과 적절히 섞어 사용하면서 말하기 전체의 리듬감을 살리는 것이 중요하다는 것을 기억하시죠? 말의 속도도 마찬가지입니다. 어떨 때는 빠르게, 어떨 때는 느리게 하면서 말하기의 완급을 조절해야 합니다. 상황에 따라서 말의 속도를 순발력 있게 조절해야 하는 것입니다.

이럴 땐 빠른 속도로 말하라

듣는 사람이 얼핏 들어도 잘 아는 내용이나 단순한 정보의 나열, 즉 누구나 알고 있는 것을 말할 때는 말의 속도가 빨라도 크게 지장이 없습니다. 아는 내용이기 때문입니다.

- 누구나 다 알고 있는 것을 말할 때
- 듣는 사람이 잘 알고 있는 것
- 반복적인 내용
- 크게 중요하지 않은 정보
- 인과관계가 분명한 내용

이럴 땐 느린 속도로 말하라

그렇다면 말을 천천히 해야 할 때는 언제일까요? 위의 경우를 정 반대로 뒤집으면 됩니다. 어렵고 복잡한 내용이나 수치가 들어가는 내용은 일단 천천히 말해야 합니다. 내용 자체가 복잡한데 전달하는 사람의 말 속도까지 빠르면 제대로 전달될 수 없기 때문입니다.

- 내가 잘 숙지하지 못한 내용
- 듣는 사람이 잘 모르는 내용
- 이름, 지명, 숫자 등이 많이 들어간 내용
- 내가 강조하고 싶은 내용

문어체 NO!, 구어체 YES!

매일 성경을 보고 계시죠? 그렇다면 이 질문을 드립니다. 성경은 문어체로 쓰였을까요, 구어체로 쓰였을까요? 기본적으로 성경은 책이므로 문어체가 많습니다. 동시에 성경의 문장은 구어체 특성이 매우 생동감 있게 살아 있습니다. 복음서만 보더라도 성경 저자들의 설명과 묘사 사이에서 예수님의 말씀과 제자들의 이야기는 구어(口語)로 기록돼 있습니다.

35때가 저물어가매 제자들이 예수께 나아와 여짜오되 이 곳은 빈 들이요 날도 저물어가니 36무리를 보내어 두루 촌과 마을로 가서 무엇을 사 먹게 하옵소서 37대답하여 이르시되 너희가 먹을 것을 주라 하시니 여짜오되 우리가 가서 이백 데나리온의 떡을 사다 먹이리이까

_마가복음 6:35-37

이 말씀의 문어체와 구어체를 좀 더 분명하게 구분해 기록하면, 마치 우리가 흔히 접하는 소설 속의 한 장면처럼 느껴집니다.

때가 저물어 가매 제자들이 예수께 나아와 여짜오되
이곳은 빈들이요 날도 저물어가니 무리를 보내어 두루 촌과 마을로
가서 무엇을 사 먹게 하옵소서.
너희가 먹을 것을 주라
우리가 가서 이백 데나리온의 떡을 사다 먹이리이까

성경에 담긴 이 이야기의 흐름을 볼 때, 예수님이 말하실 때는

구어체를 사용하셨다는 점을 알 수 있습니다. 영어성경의 경우 번역본이 참 많은데, 어떤 버전은 '구어적 표현이 살아있다'는 점을 특징으로 내세우기도 합니다. 그만큼 예수님의 말씀을 기록한 성경 저자들은 예수님의 말씀에서 구어적 생동감을 살리기 위해 어느 정도 의식적인 노력을 한 것으로 보입니다. 이렇게 된 데는 성경이 문서로 기록되기 전에 입에서 입으로 내용이 전달된 영향도 있을 것입니다.

이런 점만 놓고 보더라도 구어를 잘 사용한다는 것은 말을 잘 하는 사람의 기본 원칙이면서 특징 가운데 하나라고 볼 수 있습니다. 사람들은 이와 같이, 일반적으로 말할 때 구어체를 사용하는 것을 당연하게 생각합니다. 하지만 적지 않은 사람들이 무의식적으로 문어체와 구어체를 구분하지 않고 혼동하기도 합니다.

우리는 이 책에서 말을 잘 할 수 있는 방법에 집중하고 있습니다. 그렇다면 말을 잘 하는 데 필요한 문체는 구어체일까요, 문어체일까요? 바보 같은 질문입니다. 말하기에서 기본 틀로 장착되어야 하는 것은 당연히 구어체입니다. 그런데 의외로 공식적인 말하기 자리에서 문어체를 사용하는 경우가 많습니다. 이유는 간단합니다. 책이나 신문에 자주 노출돼, 문어체에 익숙해졌기 때문입니다.

동료가 중요한 프레젠테이션에서 문어체를 사용하는 경우를 상상해보십시오. 굉장히 기계적이고 딱딱하며, 지나치면 우스꽝스러워 보일 수도 있습니다. 당연한 결과입니다. 상황에 맞지 않은 잘못된 무기를 사용했기 때문입니다.

아래 문장이 어떤 문제를 가지고 있는지 생각해보십시오.

첫째 예문 : "나는 지난 주말에 경쟁사 동료로부터 비난을 받았습니다. 나는 그 친구가 왜 나에게 화를 내는지 알지 못하였습니다. 한참을 싸우고 나서야, 나는 내가 성사시킨 계약으로 인해 그 친구 회사가 계약을 따내지 못 하였다는 점을 알게 되었습니다."

둘째 예문 : "나는 지난 주말, 경쟁사 동료에게 비난을 받았습니다. 그 친구가 나에게 왜 화를 내는지 알지 못했습니다. 한참 싸운 뒤에야, 내가 성사시킨 계약 때문에 그 친구 회사가 계약을 따내지 못 했기 때문이란 걸 알았습니다.

첫째 예문이 같은 내용인 둘째 예문에 비해 어떤 문제가 있는지 감이 오시나요? 구어체를 써도 될 자리에 문어체의 습관이 고스란히 남아 있습니다. 비슷한 상황을 하나 더 보겠습니다.

첫째 예문 : "오늘은 그녀를 만나기로 한 날입니다. 하지만, 비가 올 뿐만 아니라 바람까지 강하게 불기 때문에 취소해야 할 것입니다. 그렇지 않으면 그녀로부터 굉장히 혼이 날 것이라고 생각되었습니다."

둘째 예문 : "오늘은 그녀를 만나기로 한 날이지만, 비가 오고 바람까지 세게 불어 취소하려 합니다. 안 그러면 그녀에게 엄청 혼이 날 테니까요."

다시 설명할 필요가 없지요?

'설마 신문에서 사용하는 문체를 내가 말하면서 쓰겠어?'라고 생각하는 사람이 많을 겁니다. 하지만 정말 의뢰로 많습니다.

한편, 문어체를 구어체와 어울리지 않게 섞어 쓰면 아무리 좋은 내용을 이야기하더라도 말이 세련되지 않게 보일 수 있습니다. 반대로 구어체를 써서 말해야 할 때 문어체를 쓰면 딱딱하게 들리겠지요. 그래서 우리는 문어체와 구어체를 적절하게 말하는 법을 배우려고 의식적으로 노력해야 합니다.

구어체로 말할 때는 발음을 짧게

구어체로 말하려 할 때, 이것만은 기억합시다. 가능한 발음이 짧아지도록 줄이는 것입니다.

나입니다 → 납니다

저입니다 → 접니다

하여 → 해

되어 → 돼

하였습니다 → 했습니다

되었습니다 → 됐습니다

중국으로부터 공격을 → 중국의 공격을

동료로부터 비난을 → 동료의 비난을

북한으로부터 수출을 → 북한에서 수출을

그녀로부터 → 그녀에게

바람이 강하게 불기 때문에 → 바람이 세게 불어서

계약으로 인해 → 계약 때문에

장음과 단음을 구분해야 할까요?

같은 단어인데 어떤 것은 길게 발음하고 어떤 것은 짧게 발음합니다. 장음과 단음이라고 하죠. 간단한 것 같으면서도 발음에서 자주 헷갈리는 것이 장음과 단음의 구분입니다. 예를 들어볼까요? 구분할 수 있겠습니까?

눈에 눈이 들어갔어.

밤에 밤을 먹고 잤어.

말이 말을 하기 시작했어.

장음과 단음의 벽을 완벽하게 넘어선다는 것은 꽤 어려운 일입니다. 사실 전문적으로 방송을 하는 사람들 중에도 장단음을 제대로 구별하지 못하는 사람이 꽤 많습니다. 저 역시 마찬가지입니다. 그런데, 모든 장단음을 다 구별할 줄 안다고 해도 그 사람의 말하기나 방송이 아주 좋아지는 것도 아닙니다. 말하는 사람이나 듣는 사람이나 장음과 단음을 완벽하게 구분하는 경우가 흔치 않습니다. 그래서 제대로 발음하나 안 하나 결과는 비슷하다는 선입견도 있습니다. 이러한 이유 때문에 장음과 단음의 높은 벽은 아무리 노력해도 넘어가기 어렵습니다. 많은 경우, 마음먹고 도전하기보다 애써 외면하는 경우가 더 많습니다.

저 또한 마찬가지였습니다. 앵커 생활을 할 때는 그래도 하루에 몇 개 단어나 문장을 몇 십 개씩 쪼개서 분석하며 장단음을 구별하려고 노력했습니다. 하지만 장단음이 구별된 발음을 내 입으로 자유자재로 발음하기란 여간 어려운 일이 아니었습니다. 그렇다 보니 어느 순간 타협을 하는 적정선을 찾게 되더군요. 예를 들면, 다른 건 몰라도 '겨울에 내리는 눈과 사람의 눈의 차이는 기억하자'는 정도에서 저 자신과 타협했습니다.

절대적으로 모든 장단음을 구별하지 않고 이런 식으로 선별적으로 타협했다고 해서, 저의 말하기나 방송이 크게 비판받지는 않았습니다. 그래서 저는 장음과 단음의 구별은 기본적으로 중요하지만, 말하기의 품질과 격을 좌우하는 절대 기준으로 생각하지는 않습니다. 이걸 절대적인 기준으로 삼고 덤비면 말하기에서 정작 중요한 것을 놓치거나 괜한 스트레스로 지칠 수 있습니다.

따라서 당신도 '말하기를 마스터하기 위한 목표를 세웠다'는 정도가 아니라면, 장단음을 공부하는 데 지나치게 많은 시간을 들이거나 스트레스를 받을 이유는 없습니다. 다만, 기본만 이해하는 선에서 아래의 예시 정도만 숙지하면 좋을 것입니다.

장:음 / 단음

창밖에 눈:이 내립니다 / 너는 눈이 참 예뻐!

사자는 고양이보다 몇 배: 더 크지? / 저녁 먹고 배 불러

아들이 말:을 하기 시작했어 / 제주도에는 말이 많아

산에서 밤:을 많이 주어왔어 / 겨울은 다른 때보다 밤이 길지

새: 한 마리를 봤어 / 새 집으로 이사 가고 싶어

너무 지쳐서 병:이 났어 / 깨진 술병을 버렸어

벌:은 꽃을 좋아하지 / 죄를 지어서 벌을 받았어

눈보라[눈:보라] / 첫눈[천눈] / 눈멀다[눈멀다]

말씨[말:씨] / 참말[참말]

밤나무[밤:나무] / 쌍동밤[쌍동밤]

벌리다[벌:리다] / 떠벌리다[떠벌리다]

많다[만:타]

멀리[멀:리]

수많이[수:마니]

기본치고는 조금 복잡하게 느껴지나요? 그래도 몇 번 반복해서 연습하다 보면 생각만큼 어렵지 않을 것입니다.

말하기의 기교(기술)는 물론 필요합니다. 하지만 일반적으로는 이 장에서 배운 발음에 관한 기본 원칙과 방법을 익히고 습관으로 삼으려고 노력하는 정도면 충분합니다.

그러므로 이 말만큼은 기억하면 좋겠습니다.

"기교가 아닌 기본에 충실해야 한다."

예수처럼 말하는 법, 우리의 말 품격을 위한 제6계명입니다.

결국 '3다'가
잘 말하게 할 것이다

저의 학창시절은 책과 거리가 멀었습니다. 저는 차분히 앉아서 책을 보고 사색을 하기보다 자유분방함이 주는 짜릿함 같은 것에 너무나 강하게 사로잡혔던 것 같습니다. 그래서 4월의 봄비가 내리는 아침이면 학교로 가는 버스 대신 춘천으로 가는 기차에 몸을 실으며, 당시로서는 참 과감한 '땡땡이'를 감행하곤 했습니다. 책과 사색이 주는 이성적 충족보다, 나에게 규정된 굴레에서 탈피하고자 하는 욕구가 그때의 저에게는 더 컸던 것 같습니다.

그렇게 책과 담을 쌓고 지냈던 제가 기자가 되겠다고 언론사 입사 시험에 나섰으니, 그 뒤에 벌어진 일들은 대충 짐작이 되실 것입니다. 책을 많이 읽지도 않고, 글을 많이 쓰지도 않았고, 그

다지 깊이 있는 사색을 해보지도 않은 사람이 온전한 시각으로 사회를 바라보고 비평해야 하는 언론인이 되겠다니, 얼핏 생각해도 앞뒤가 맞지 않았습니다.

그래서 저는 언론사 시험을 준비했던 3년 정도의 시간 동안 책을 굉장히 많이 읽어야 했습니다. 그러고 싶지 않았지만 어쩔 수 없었습니다. '총알 준비'를 위해 매주 책 1권은 정독(精讀)을 하며 정리를 했고, 3-5권 정도는 속독(速讀)을 하며 글에 익숙해지려고 노력했습니다. 돌이켜 보면 정말이지 괴로웠지만, 동시에 지적으로 충족감과 충만함을 느낄 수 있는 시간이었습니다.

책에서 글감을 얻어 글쓰기 연습을 하고, 다른 사람들과 토론을 하며 생각의 틀을 다지는 것이 '어쩌다 보니' 저의 일상이 됐습니다. '3다'와 전혀 상관없던 제가 '3다' 속으로 빠져 들어갔던 셈입니다. 그런 치열한 시간 속에서 저는 분명히 깨달았습니다. 글을 잘 쓰고 싶거나 말을 잘 하고 싶다면, 결국 '3다'가 정답이라는 점을 말이죠.

예수님의 '3다'

여섯 번째 계명까지 이야기하는 동안 '3다'의 중요성을 이미 언급했습니다. 많이 읽고 많이 쓰고 많이 생각한다는 것은 자칫 진부하게 느껴질 정도로 단순한 이야기입니다. 너무 단순해서 많은 사람들이 대부분 인정하고 잘 알고 있는 부분이기도 합니다.

문제는 '3다'를 단순하고 별거 아닌 것으로 치부해 정작 제대로 실천하는 사람이 많지 않다는 것입니다. 막상 실천하려고 해도, 조금만 가까이 들여다보고 시도해보면 굉장히 어려운 일이라는 것을 금세 깨닫고 겁을 먹는 경우도 많습니다. 하지만 본질은 원래 단순함 속에 있습니다. 그 단순해 보이는 본질을 추구하는 과정이 결코 단순하지 않을 뿐입니다.

크리스천다운 말 품격을 갖추는 길, 예수처럼 말하는 법 제7계명에서 '3다' 속으로 깊이 들어가 보겠습니다. 우리는 과연 '3다'를 제대로 알고 있는지, 이게 얼마나 중요한 것인지, 어떻게 실천할 수 있는 것인지, 주로 실천적인 관점에서 살펴봅니다.

예수님은 어떠셨을까요? 예수님 역시 '3다'의 중요성을 익히 아시고 그에 따른 실천을 하셨을까요? 이에 대해서도 성경에 연관된 기록이 분명하지 않기 때문에 정확히 알 수는 없습니다. 다만, 예수님의 첫 번째 설교라고 불리는 '취임설교'(눅 4:16-30)에서 '3다'의 첫째 요소인 다독을 하셨다는 힌트를 얻을 수 있습니다.

16예수께서 그 자라나신 곳 나사렛에 이르사 안식일에 늘 하시던 대로 회당에 들어가사 성경을 읽으려고 서시매 17선지자 이사야의 글을 드리거늘 책을 펴서 이렇게 기록된 데를 찾으시니 곧 18주의 성령이 내게 임하셨으니 이는 가난한 자에게 복음을 전하게 하시려고 내게 기름을 부으시고 나를 보내사 포로 된 자에게 자유를, 눈 먼 자에게 다시

보게 함을 전파하며 눌린 자를 자유롭게 하고 ¹⁹주의 은혜의 해를 전
파하게 하려 하심이라 하였더라 _누가복음 4:16-19

예수께서 첫 설교에서 인용하신 구약성경은 이사야서 61장의
말씀이었습니다. 회당에서 구약의 본문을 아주 편안하게 인용하
며 설교를 하신 것입니다.

어떤 사람이 중국 고전을 적재적소에 잘 인용하며 대화를 하
고 있는 상황을 그려봅시다. 그는 모르긴 몰라도 중국 고전의 특
정 분야와 관련된 전문가이거나 전문가에 버금가는 사람일 가능
성이 높습니다. 고전에 대한 자유로운 인용은 즉흥적으로 할 수
있는 일이 아니기 때문입니다. 전문가로서 자질을 갖추기 위해
깊이 있는 독서를 했을 때 현실에서 가능한 일이죠.

예수님의 첫 설교에서 구약의 이사야서가 인용됐다는 것은 그
분이 구약성경에 대해 전문가이셨거나 전문가에 버금하는 자질
과 역량을 가지고 계셨다는 것을 간접적으로 보여줍니다. 이 설
교에 이어서 구약성경의 엘리야와 엘리사 선지자의 이야기까지
등장하는 것을 보면, 예수께서는 구약성경에 대한 이해 수준이
매우 높았던 게 분명합니다. 다른 유대인들이 그랬듯, 당시 그들
의 독서에서 가장 중요했던 구약성경을 거의 외우다시피 읽으셨
다고 추정할 수 있습니다. 예수님 역시 '3다' 가운데 가장 기본이
되는 '다독'에 충분한 노력을 기울이셨다고 볼 수 있습니다.

예수께서 '다작'을 하셨는지는 알 수 없습니다. 다작 여부는 지금 시대와 직접적인 비교를 하기가 어렵습니다. 예수께서는 집필이 아닌 설교를 통해 생각을 전하셨기 때문입니다. 따져보면, 그분이 복음을 전파하는 데 최우선으로 사용한 수단은 설교 형태의 구술이었습니다. 예수께서 입으로 말하신 것을 그의 제자들이 문자로 기록한 것이 오늘날의 복음서입니다. 그 때문에 '저자 : 예수 그리스도' 혹은 '예수 지음'이라고 적힌 책은 세상에 존재하지 않습니다. 다만, 예수님은 아주 적극적으로 설교를 하셨기 때문에 설교와 집필을 간접적인 비교 대상으로 삼을 수 있겠습니다. 그런 면에서라면, 예수님 역시 '다작'에 충분한 시간과 노력을 들였다고 볼 수 있지 않을까요?

'3다' 중 '다상량'에 대해서도 딱히 비교할 것을 찾아 언급하기가 어렵습니다. 다만 저는 기독교인에게 생각하는 시간은 말씀을 묵상하고 기도하는 시간과 비교될 수 있다는 점에서, 예수님이 기도를 많이 하셨으므로 다상량을 하신 분이라고 생각합니다. 예수께서는 끊임없이 기도하셨을 뿐 아니라, 기도할 때마다 온힘을 다하셨기 때문입니다.

결론을 미리 정리하려니 좀 아쉽긴 합니다만, 3다에 대한 현대 기준에 예수님의 '3다'를 단순하게 비교하긴 역시 어렵습니다. 다만 예수님 역시 우리가 추구하는 '3다'와 본질적으로 성격이 비슷한 일을 충분히 하셨다는 것은 분명해 보입니다. 그분도

'3다'에 강한 분이셨던 것입니다. 우리가 '3다'를 추구해야 할 이유는 더 분명해집니다.

그러면 어떤 책을 읽을 것인가?

당신은 한 달에 책을 몇 권이나 보나요? 신문 기사는 얼마나 보나요? 말을 잘 하고 싶다면, 일단 많이 읽어야 합니다. 많이 읽는 것, 즉 독서를 많이 한다(다독:多讀)는 것은 생각해보나마나 인생에 나쁜 영향을 끼칠 일은 아닙니다. 저는 아직까지 독서를 너무 많이 해서 인생을 망쳤다는 이야기는 들어보지 못했습니다.

"많이 읽는 것은 좋은 일입니다."

이 말에 동의하면서, 이런 질문을 또 하게 됩니다.

"그러면 어떤 책을 많이 읽어야 할까요?"

독서의 범위와 양을 어떤 틀로 정하기는 어렵습니다. 사람마다 독서할 수 있는 상황과 시간은 천차만별이기 때문입니다.

당신이 현재 학생이라면 유행하는 베스트셀러보다 고전이나 스테디셀러를 많이 읽는 것이 좋습니다. 물론 그 시대의 베스트셀러 가운데서 스테디셀러가 될 만한 책을 선별할 능력이 있다면, 굳이 베스트셀러와 스테디셀러를 구분할 필요는 없습니다. 그렇지 않은 독서의 초보자라면 '반짝 판매량'으로 베스트 목록에 이름을 올린 책은 일단 무시해도 상관없습니다. 시간과 비용 측면에서 그렇습니다. 마케팅이나 홍보의 힘이 아닌 자체 역량으로 베스트셀러 반열에 오른 책들은 대체로 1년쯤 뒤에 스테디셀러 목록에 이름을 올리게 됩니다. 그래서 일반적으로 학생이 보아야 할 책은 대개 스테디 목록에 있습니다.

물론 스테디셀러만 보는 것도 독서의 편식이 될 가능성이 큽니다. 더 중요한 책을 봐야 합니다. 우리는 그런 책을 흔히 '고전'(古典)이라고 부릅니다. 특히 크리스천에게 최고의 고전은 단연 성경입니다. 성경에는 훌륭한 논술의 소재가 넘쳐납니다.

사실 세상의 모든 책 중에서 가장 기본적인 고전으로 여겨야 할 책은 성경입니다. 성경에 담긴 사상은 지난 2천 년 동안 서구 사회를 지배해왔습니다. 또한 서구에서 고전으로 불리는 책들은 대개 성경에 기원을 두고 있습니다. 어거스틴의 《고백록》, 존 버니언의 《천로역정》, 도스토옙스키의 《카라마조프가의 형제들》, 톨스토이의 《참회록》처럼 우리에게 익숙한 고전들은 기독교 고전의 범주에 든 책들로서, 꼭 읽기를 추천합니다.

성경 그 자체와 성경에서 파생된 고전들을 우선적인 독서 범위로 삼은 다음, 그리스 로마 시대에 기원을 둔 역사가나 철학자들의 책을 살펴보면 좋습니다. 예를 들면 헤로도토스의 《역사》를 추천합니다. 이런 식으로 책을 찾아 읽다 보면 세상의 근원에 대한 이야기(성경)와 역사의 긴 시간 속에서 살아남은 이야기(고전), 그리고 지금 시대의 이야기(스테디셀러)까지 대체적인 흐름을 꿸 수 있게 됩니다.

학생 중에서도 대입을 준비하는 고등학생이라면 고전의 비중과 스테디셀러의 비중을 균형있게 맞추는 것이 좋습니다. 취업을 준비하는 대학생이라면 고전을 바탕으로 독서하되 스테디셀러를 중점적으로 보는 것이 도움이 됩니다. 특히 스테디셀러 중에서 인문 사회 분야의 책들을 섭렵해야 합니다. 입사 시험의 상식 분야나 논술과 면접에 직접적인 도움을 주는 내용이 인문 사회 분야에 담겨 있는 경우가 상대적으로 많기 때문입니다.

특정 시험과 상관없이 온전히 자신의 말하기 실력과 전반적인 상식을 올리는 것이 목적이라면, 자신의 상황에 어울리는 고전과 스테디셀러 도서의 부담 없는 조합 정도가 바람직한 것 같습니다. 직장 생활을 할 때는 '일주일에 몇 권' 하는 식으로 무리하게 목표량을 정하기보다, 한두 달에 걸쳐 3,4권의 스테디셀러를 보면서 1권 정도의 고전을 함께 독서하는 방식이 효과적인 것 같습니다. 사람마다 독서 방식이나 습관이 다르기 때문에 일반화시키기는 어렵겠지만, 많은 사람들이 이런 방식으로 적잖은 효과를 보았습니다. 중요한 점은 편식하지 않아야 한다는 것입니다. 나름의 기준을 세워놓고, 자신의 상황에 맞춰 부담을 최소화하는 방향으로 독서할 것을 권유합니다.

읽으면서 정리하는 습관을 기르라

당신은 스스로 머리가 좋다고 생각하시나요? 머리가 너무 좋아서 책을 한 번 읽으면 내용을 바로 기억할 수 있고, 그 내용을 총알 삼아 말하기와 글쓰기에 바로 활용할 수 있다면 당신은 천재입니다. 하지만 우리 대부분은 그런 능력이 없습니다. 한 번 읽고 1년 뒤에 다시 보면 마치 처음 보는 책처럼 느껴지는 경우가 많지요. 재미있게 읽었던 것 같고 밑줄도 그어두었는데, 다시 보면 새롭습니다. 그래도 좌절할 필요는 없습니다. 저도 그렇고, 대부분의 사람들이 그렇습니다. 다만, 뭔가 대책이 필요합니다.

우리가 시간과 비용을 들여 많은 책을 읽으려는 목적이 단순히 독서하는 사람이라는 지적 이미지를 얻으려는 것은 아닙니다. 말을 잘 하고 글도 잘 써서, 궁극적으로 말하기와 글쓰기의 시너지를 이루어내려는 것입니다.

그 목적을 위해, 조금 번거롭더라도 독서할 때마다 독서노트를 작성하기를 권합니다. 학생이라면 '공부할 시간도 없는데', 직장인이라면 '책 볼 시간도 없는데'라고 생각할 수 있습니다. 하지만, 번거롭고 귀찮게 느껴지더라도 말하기의 본질을 향해 간다는 목표를 이루기 위해서라면 독서노트가 가장 빠른 지름길입니다. 제 경험도 그렇고, 주변의 많은 사람들도 비슷한 경험을 이야기합니다. 한 번 읽은 것을 자연스럽게 외우거나 기억할 능력이 없다면, 글을 쓰거나 말을 할 때 자유롭게 사용할 자신이 없다면, 독서한 다음 독서노트를 만들어두는 것이 유행하는 말로 '가성비'가 가장 높은 방식일 것입니다.

독서노트는 거창할 필요가 없습니다. 책에서 읽은 인상 깊은 내용 중에서 글쓰기에 필요한 글감이나 말하기에 필요한 말감을 옮겨 쓰는 정도면 충분합니다. 다만 중요한 것은, 분야별로 카테고리를 만들어 독서노트를 정리해야 한다는 점입니다. '정치/경제/사회/문화'라는 구분도 좋고, '인문/사회/과학/고전'의 구분도 괜찮습니다. 시사적인 글쓰기와 말하기를 해야 한다면 '정치/경제/사회/문화' 정도의 분류가 좋을 것이고, 전반적인 상식을 갖추기가 목적이라면 '인문/사회/과학/고전' 분류가 더 활용도가 높을 것입니다. 자기 상황에 맞는 분류 기준을 정해서 분야별로 정리를 해놓아야 나중에 글감과 말감을 찾을 때 편리합니다. 정답은 없습니다. 자신이 편리하게 정리하고, 편리하게 꺼내 볼 수 있으면 됩니다.

노트에 필기로 정리를 잘 하는 사람도 있는데, 요즘은 노트북 프로그램이나 태블릿 또는 스마트폰의 앱(어플리케이션)으로 정리하는 경우도 많습니다. 이런 방식으로 독서노트 작성하기를 2,3년 정도 꾸준히 해보세요. 엄청난 '총알 창고'가 될 것입니다.

글 잘 쓰는 사람이 말도 잘 한다

지금까지 글을 많이 읽어야 한다는 점을 살펴보았다면, 이제부터는 글을 잘 쓰는 방식에 대해 짚어보겠습니다. 과연 글을 잘 쓰면 말을 잘 하게 될까요? 연관성을 보여주는 통계수치나 연구 결과는 없기 때문에 단정하긴 어렵습니다. 다만 일반적으로 글을 잘 쓰는 사람이 글을 못 쓰는 사람보다 말을 잘 하는 경우가 많습니다. 글을 잘 쓴다는 것은 논리력이 충분하고 글감 활용과 묘사력이 좋다는 의미이기 때문입니다. 말을 할 때도 이런 장점이 분명히 표출됩니다.

케이블방송에 종합편성채널이 등장했을 때, 모(母)기업인 신문사의 기자들 가운데 계열사인 방송사 기자로 파견을 가는 경우가 많았습니다. 신문 기자가 방송 기자로 전업(轉業)하게 된 것이지요. 저는 처음부터 방송국에서 기자 일을 시작했기 때문에, 글만 쓰던 신문 기자가 방송을 한다면 분명히 제대로 하지 못할 것이라고 생각했습니다. 일종의 선입견 같은 것이었습니다.

그런데 신문 기자 출신들이 방송을 꽤 잘 하는 모습을 보고 적잖이 놀랐습니다. 방송의 기술적 측면에서는 부족하다고 평가할 수 있겠지만, 그들이 신문 기자 시절에 쌓아둔 논리성과 심층 분석력 등을 활용하면서, 오히려 깊이 있는 내용을 방송으로 전하는 것을 보고 놀란 경우도 많았습니다. 방송 기사가 빠르고 압축적으로 소식을 전한다면, 신문 기사는 깊이 있고 체계적으로 소식을 전합니다. 신문의 그런 특징이 방송에 녹아들면서 시너지를 내는 모습을 본 셈입니다. 이런 사례를 보더라도 글을 잘 쓰는 사람이 말을 잘 할 가능성은 상당히 높습니다. 글에서 드러나는 논리성, 체계성, 심층성이 말을 통해서도 드러난다는 것입니다.

물론, 말을 하면서 지나치게 심충성에 초점을 맞추면 의미 전달력이 떨어지거나 재미없는 말하기가 될 수 있습니다. 다만 여기서 제가 강조하는 것은, 글쓰기에 장점이 많다면 그것이 고스란히 말하기의 장점으로 이어질 개연성이 크다는 점입니다. 그래서 말을 잘 하고 싶다면 우선 글을 잘 써야 합니다. 다만 글로 먹고 살 것이 아니라면, '말을 잘 하기 위한 수단으로서의 글쓰기' 정도를 글쓰기의 목표로 삼으면 좋겠습니다.

그런 차원에서, 어떻게 하면 '말을 잘 하기 위한 수단으로서 글쓰기'를 잘 할 수 있을까요?

글쓰기가 익숙해지는 습관 기르기

많이 쓰는 다작은 글쓰기에서 가장 중요합니다. 그러면 '아무 의미 없는 내용인데 무조건 많이 쓰는 것이 중요한가?'라는 질문도 가능할 것 같습니다. 물론 '의미 없는 글을 많이 쓰는 것도 중요하다'라고 단정하기는 어렵습니다. '쓸데없는' 글을 많이 써서 말을 잘 하게 된 사람의 사례를 저는 알지 못하기 때문입니다. 어쨌든 요즘 같은 SNS 시대에는 어떤 글이라도 개인적인 의미를 부여하는 경우가 많기 때문에, 모든 글쓰기에 나름의 의미와 효과가 있다고 볼 수 있습니다. 그러니 의미 있는 글을 많이 쓴다면 무조건 도움이 많이 됩니다. 이건 제가 자신있게 답할 수 있습니다. 기자가 되려고 준비하는 과정에서, 그리고 기자 생활을 하면서 도움을 얻은 방법이 바로 무조건 많이 쓰는 일이었기 때문입니다.

문득 떠오른 단상 같은 것들이라도 무조건 쓰면서 정리하는 습관을 들이면 좋습니다. 노트에 적든 스마트폰의 메모장에 적든, 일단 적는 것이 중요합니다. '쓴다'라는 것에 대한 부담감은 그 과정에서 얼마든지 털어버릴 수 있습니다.

적는 것, 즉 단순하게 쓰는 것이 많아지면, 그렇게 막연히 쓴 것들이 어느 상황에서는 특정한 방향으로 조합이 되는 경우도 많습니다. 그러면 어떤 형식을 갖춘 긴 글도 쓸 수 있게 됩니다.

그러므로 처음부터 서론 본론 결론의 형식을 다 갖춘 긴 글을 쓰는 것만 글쓰기라고 생각하는 편견은 버려야 합니다. 그런 부담감은 오히려 글쓰기를 습관화하는 데 방해가 될 수 있습니다. 나아가 글쓰기를 말하기에 활용하려는 우리에게 독이 될 수도 있습니다. 그러니 일단 무엇이든 적는 것이 중요합니다. 생각을 적든 책의 한 구절을 적든, 버스나 기차를 타고 가다 창밖에 보이는 풍경을 묘사해 적든, 일단 적으십시오. 짧게 적는 습관이 익숙해지면 길게 쓰는 습관에 익숙해지는 것은 시간 문제입니다.

아무리 바쁜 현대인이라 하더라도, 요즘에는 '적는 습관'은 마음만 먹으면 얼마든지 더 쉽게 기를 수 있습니다. SNS 때문입니다. SNS라는 가상의 세상을 또 다른 세상으로 익숙하게 여기며 살아가는 우리에게, 트위터나 페이스북 같은 SNS 매체는 '적는 습관'을 익숙해지게 만드는 효율적인 도구입니다. 이것을 통해 다른 사람들로부터 글에 대한 피드백도 얻을 수 있습니다.

실제로 SNS에서 꽤나 유명세를 날린다는 작가들의 SNS에 들어가 보세요. 인스타그램이나 트위터는 물론 페이스북에도 2줄에서 3줄짜리 짧은 글이 굉장히 많습니다. 글인지 그냥 깨작거린 것인지 모를 정도로 별 내용이 아닌 것도 꽤 많은데, 무척 많은 사람들이 열광적으로 반응하는 경우도 많습니다. 일상의 기록과 단상을 메모처럼 남긴 글이 사람들의 공감이라는 촉매를 만나 예상치 못한 파급력을 내는 경우는 이렇게 단순히 적는 과정에서 생겨나기도 합니다.

개인적인 생각을 공개적으로 드러내기가 부담스럽다면 자기만 볼 수 있는 일기장이나 컴퓨터의 메모 프로그램을 활용하면 됩니다. 나의 단상과 글을 남들과 공유하고 소통하고 싶다면 SNS를 활용하면 됩니다. 어느 쪽이든 돈이 드는 일이 아닙니다. 결국 의지와 노력의 문제입니다. 무엇이든 익숙해지면 됩니다. 짧게 적는 것이 익숙해지면 길게 쓰는 것도 곧 익숙해집니다.

다른 사람들과 소통하면서 재미까지 느끼게 되면 쓰기는 일상이 됩니다. 한 줄 두 줄 쓰다 보면 한 문단이 되고, 몇 개의 문단을 쓰다 보면 하나의 글이 됩니다. 전문적인 작가가 되거나 신춘문예에 입상을 하는 것이 우리 대부분의 목표가 아니므로, 이런 정도의 글쓰기 연습과 습관만으로도 말을 잘 하고 싶다는 우리의 꿈은 자주 쓰는 만큼 달성하기 쉬울 것입니다.

문장 연습을 통한 말하기 연습

말하기에서는 단문을 적극적으로 사용하되 장문을 적절히 섞어 말의 흐름에 리듬감을 만드는 것이 중요하다는 것을 기억하시죠? 이제는 리듬감 있게 말하기를 위해 머릿속에 항상 염두에 두어야 할 일이 있습니다. 일단 적는 일을 시작했다면, 문장을 단문으로 쓰면서 동시에 장문도 섞어 쓰는 연습을 하는 것입니다.

사실 글을 쓸 때 장문과 단문의 비율이 몇 퍼센트여야 한다는 표준은 없습니다. 명필가들의 글을 보면 문장 자체도 개성이 있지만, 단문과 장문을 적당하게 잘 섞어서 활용하는 분들이 많습니다. 단문으로 치고 나가며 속도감을 보여주다, 장문을 활용해 읽는 사람에게 일정 부분 이완감을 주는 경우가 그렇습니다.

단문만 쓰면 글이 단순해지고, 장문만 쓰면 글이 늘어집니다. 단문을 통해 전달력과 속도감을 높이면서 장문을 함께 활용하는 것이 필요합니다. 단문은 혼자 살아서는 안 됩니다. 장문과 동거해야 하고, 동거할 수밖에 없는 존재입니다.

그래서 우리는 적기, 즉 쓰기 연습을 하면서 문장을 한 줄로도 써보고 두 줄로도 써보는 연습을 해야 합니다. 같은 내용을 짧게 쓰고 길게 쓰라는 의미가 아닙니다. 간략히 정의해야 할 내용은 단문으로, 구체적인 설명이 더 필요한 내용은 장문으로 쓰라는 것입니다. 예를 들어 다섯 문장짜리 짧은 단상을 적는다고 할 때 3,4 문장은 단문이나 중문으로 쓰고, 1,2 문장은 조금 길게 써서 글의 리듬감이 어떻게 변하는지 살펴보는 훈련을 해보십시오.

그러면 명문가는 어떤 방식으로 쓰는지 살펴볼까요? 다음은 소설가 김훈이 쓴 글입니다. 중앙일보, 2015년 새해 특별 기고(寄稿)입니다.

① 나는 오래전에 졸작소설 『칼의 노래』를 쓰느라고 선박과 항해에 대한 책을 몇 권 읽었다. ② 내가 읽은 책들은 들이댈 만한 것도 아니고 내가 쓰려는 소설과 직접 관련이 있는 것도 아니었지만, 바다의 질감과 선박의 작동원리를 전혀 모르고서는 글을 쓸 용기를 낼 수 없었다. ③ 백면서생이 배의 작동원리를 말하는 것은 꼴 같지 않지만 무릅쓰고 가려 한다.

위 글은 김훈 소설가가 쓴 기고문 중에서 세 문장으로 구성된 한 단락을 발췌한 것입니다. ①번과 ③번 문장은 단문이고 가운데 ②번 문장은 장문입니다. ②번 문장을 단문으로 바꿔본다면 이렇게 됩니다.

① 나는 오래전에 졸작소설 『칼의 노래』를 쓰느라고 선박과 항해에 대한 책을 몇 권 읽었다.

② 내가 읽은 책들은 들이댈 만한 것도 아니다

②-a 내가 쓰려는 소설과 직접 관련이 있는 것도 아니었다.

②-b 하지만, 바다의 질감과 선박의 작동원리를 전혀 모르고서는 글을 쓸 용기를 낼 수 없었다.

③ 백면서생이 배의 작동원리를 말하는 것은 꼴 같지 않지만 무릅쓰고 가려 한다.

②번 문장을 쪼개니 세 개의 단문으로 나눌 수 있습니다. 세 개의 단문으로 표현할 수 있는 문장을 김훈 소설가는 글의 흐름과 작가의 의도에 따라 장문으로 쓴 것이라고 추측할 수 있습니다.

당신이 읽어보기에는 어떤가요? 단문으로만 구성된 단락이 더 글답게 느껴지나요? 아니면 단문과 장문이 섞여 있는 것이 더 글답게 느껴지나요?

단문과 장문이 섞여 있으면 글이 담고 있는 완급의 조절이 훨씬 감각적이라는 점이 느껴집니다. 잘 나가는 자동차에 기름칠을 해서 더 잘 나가게 만드는 느낌이죠. 그래서 단문은 장문과 동거를 해야 합니다. 그러니 단문만으로, 혹은 장문만으로 하나의 글을 쓰는 것은 특정한 의도가 있지 않다면 피해야 합니다.

우리는 단상을 적는 글이든 마음먹고 특정 주제를 쓰는 글이든, 일단 단문을 위주로 하되, 양념을 치듯이 장문을 적절히 활용해 글의 흐름을 매끄럽게 만드는 연습을 해야 합니다. 그래야 말하기도 매끄럽게 할 수 있습니다.

기억하세요. 말하기는 글쓰기의 영향권 아래에 있습니다. 그래서 글을 쓸 때의 습관을 말하기의 습관으로 잘 안착시키는 작업이 중요합니다. 그래야 말하기의 본질에 한 걸음 더 가까이 다가설 수 있기 때문입니다.

다시 강조합니다. 기억해두십시오.

"결국 '3다'가 잘 말하게 할 것이다."

예수처럼 말하는 법, 우리의 말 품격을 위한 제7계명입니다.

글 잘 쓰기가
말 잘 하기를 돕는다

글을 잘 쓰는 사람은 말을 잘 할 가능성이 상대적으로 높지만, 반대로 말을 잘 한다고 다 글을 잘 쓰는 것은 아닙니다. 논리는 말보다 글을 통해 먼저 다듬어지기 때문입니다. 다만 말이든 글이든, 논리적으로 정돈이 잘 될수록 전달력이 높아집니다. 특히 말에는 목소리와 표정 같은 언어 외적인 부분이 영향을 미칠 여지가 있지만, 글은 오로지 글로만 승부를 보아야 합니다. 그래서 한 사람이 가진 논리력과 분석력은 말보다 글을 통해 더 명확하게 확인할 수 있습니다. 그렇다고 말과 글을 따로 떼어 보면 효율성이 떨어집니다. 본질적으로 말과 글은 하나이기 때문입니다.

제8번째 계명에서, 우리는 앞의 제7계명에 이어 말하기에 도움이 되는 글쓰기 방법을 좀더 구체적으로 살펴볼 것입니다. 앞의 제7번째 계명에서 무조건 많이 쓰는 것이 중요하다는 점을 인식했기 때문에, 이제는 많이 쓰긴 쓰는데 어떻게 하면 더 잘 쓸수 있을지에 대한 이야기를 나누려는 것입니다.

짧게 적는 연습을 하다가 마음먹고 몇 개의 문단으로 구성된 긴 글을 쓰는 심화 단계로 들어가면, 본격적으로 말하기에 도움이 되는 글쓰기 방법이 무엇인지 궁금해질 것입니다. 그런데 여기서 다시 기억해야 할 것은, 글을 잘 쓰는 것 자체가 우리의 목표가 아니라는 점입니다. 이 책에서는 말을 잘 하기 위한 수단으로서 글을 잘 쓰는 법을 강조합니다.

이 장에서는 글쓰기에 필요한 방법들 가운데 말하기에 도움되는 여섯 가지를 선별해서 하나씩 살펴보겠습니다. '말하는 데도움이 되는 글 잘 쓰는 방법 6가지'만 잘 숙지해도 크리스천답게 좀 더 세련미 넘치고 매력적인 말하기를 하는 데 도움이 될것입니다.

첫 번째 방법 : 구성에 대한 부담을 버리자

글을 쓸 때 흔히 고민하게 되는 것이 '서론/본론/결론'의 3단계 구성법입니다. 흐름을 중심으로 한 '기/승/전/결' 4단계 구성법도 있습니다. 글을 쓰고자 마음먹으면 이런 전통적인 구성법이라는 틀에 지나치게 집착하다가, 정작 내가 쓰고자 하는 것이 무엇인지, 말하고자 하는 것이 무엇인지에 집중하지 못하는 경우도 생깁니다. 그것은 효율적이지 못합니다. 한 번 생각해보시죠.

'내가 말을 할 때 구성을 고민하면서 말을 한 적이 있는가?'

대부분의 사람들은 말할 때 이런 고민을 하지 않습니다. 그냥 자연스럽게 말합니다. 자기가 하고 싶은 이야기가 무엇이고, 그 이야기의 의미가 어떤 것인지 전달할 뿐입니다.

물론 프레젠테이션 같은 공식적인 말하기는 준비 과정이 필요한 만큼 사전에 논리적 말하기의 구성을 고민해야 합니다. 흐름을 정교하게 만들고 설득력을 높이기 위한 차원에서 구성 준비를 하는 것입니다. 하지만 준비되지 않은 공식적 말하기나 일반적이고 즉흥적인 개인적 말하기에서 구성까지 생각하며 말하기는 어렵습니다.

그렇다면 우리는 어떤 관점에서 말하기를 위한 글쓰기의 구성에 접근해야 할까요? '흐름'입니다. 기계적으로 '서론/본론/결론'이나 '기승전결'의 구성에만 집착하지 말고, 하려는 말의 흐름에 따라 자유롭게 글을 쓰는 연습을 하면 됩니다. 글이 자연스럽게 흘러가면서 내 생각을 표현하는 능력이 형성되면, 말을 할 때도 흐름이 자연스러워집니다.

이런 흐름을 위해 의식적으로 몇 가지 조건을 염두에 두어야 합니다. 먼저 두괄식 구성입니다. 하고 싶은 주제나 의견을 먼저 던지는 것입니다. 예수님의 말하기 방식에서도 두괄식을 살펴보았지만, 두괄식 구성은 상당한 임팩트가 있습니다. 글쓰기를 연습할 때도 특별한 이유나 목적이 있는 것이 아니라면 미괄식보다 두괄식으로 쓰는 연습이 더 중요합니다.

두괄식은 일단 하고 싶은 주제나 결론을 제시하고 이야기를 시작하는 것이기 때문에, 말하는 입장에서는 주제가 선명히 제시된 상태에서 흐름을 이어가기 쉽고, 듣는 사람 입장에서는 말하는 사람의 주장을 미리 파악할 수 있어 말의 흐름을 따라가기 쉽습니다. 그래서 논리적 구성에 자신이 없는 사람에게는 두괄식 글쓰기(말하기)가 본인에게는 물론 읽는(듣는) 상대방에게도 상당히 효과적입니다.

두괄식으로 서두에서 주제나 목적을 던졌다면, 나머지 이야기는 그 주제를 뒷받침하는 내용이어야 합니다. '주제 + 뒷받침1 + 뒷받침2 + …… + 뒷받침n + 주제 강조)의 형식으로 전체 구성을 짤 수 있습니다. 결론에서 주제와 다르거나 새로운 내용이 나와선 안 됩니다. 주제를 다시 한 번 드러내는 내용이면 됩니다.

사실 글쓰기의 구성은 이런 방식보다 좀 더 정교하게 접근해야 하지만, 우리는 '말을 잘 하기 위해 도움이 되는 글쓰기 방식'을 고민하고 있으므로, 말할 때의 흐름을 생각해 글의 흐름을 가급적 단순하게 잡는 것이 중요합니다.

예를 들어보겠습니다. 동성애에 반대하는 입장에 대한 글을 쓴다고 해봅시다. 글의 구성은 간단할수록 좋습니다. '나는 동성

애를 반대한다. + 이유1 + 이유2 + 이유n + 그렇기 때문에 나는 동성애를 반대한다.' 이런 방식의 구성이 가능합니다. 이유의 갯수는 상황에 따라 2개일 수 있고 4개가 될 수도 있습니다. 이런 흐름을 3단 구성으로 보면 '서론(주제) + 본론(이유1, 2, 3) + 결론(주제 강조)'의 형식으로 정리할 수 있습니다.

3단 구성이니 기승전결이니 하는 구성의 틀에 지나치게 집착할 이유는 없습니다. 중요한 것은 흐름이기 때문에 주제를 먼저 던지고 이를 뒷받침하는 이유나 설명을 나열한 뒤, 다시 주제를 강조하면서 글을 마치면 됩니다. 이러한 방식의 글에 서술어만 '습니다'로 바꾸면 말하기 대본이 됩니다.

'이런 식의 연습이 무슨 효과가 있겠는가?'라고 생각하는 분도 있을 수 있지만, 해보면 예상보다 효과가 크다는 것을 알게 됩니다. 하루에 1개씩은 어렵더라도 1주일에 1개, 2주일에 1개 정도의 글쓰기로 몇 년간 꾸준히 연습해보십시오. 일반 대학생이나 신학생이면 1학년 때부터 연습해보십시오. 졸업할 즈음이면 굉장히 달라진 자신의 말하기(또는 설교) 능력에 놀라게 될 것입니다.

저는 앵커로 일하면서 이런 방식으로 속보 상황에 대비했습니다. 속보는 생방송으로 뉴스를 진행하다 말 그대로 속보를 전해야 할 상황이 벌어질 때 하는 것입니다.

미리 짜인 순서대로 생방송을 하다가 갑자기 자막 한 줄이 앵커 앞의 모니터에 들어옵니다. 예를 들어 "서해에서 160명 탑승한 여객선 실종"같은 자막이 들어오면, 이 자막에만 의존해서 얼마간의 시간을 끌어야 합니다. 이럴 때도 진행방식은 우리가 지금까지 이야기한 것과 똑같습니다. 먼저 주제를 던집니다.

"서해에서 160명이 탑승한 여객선이 실종됐다는 소식이 조금 전에 들어왔습니다."

이후 주제를 설명하는 문장을 추가로 붙여가야 합니다. 언제, 어디서 그 사건이 발생했는지, 누가 탑승했는지, 수학여행 간 학생들인지, 일반 여객인지 등에 대한 정보를 붙이면 됩니다.

문제는 이런 정보가 뉴스를 전하는 제게 아직 충분히 구체적으로 전달되지 않았다는 점입니다. 제가 지금 앵커 자리에서 알고 있는 정보는 '서해에서 160명 탑승한 여객선 실종'이 전부입니다. 이럴 때는 필요한 정보가 아직 전달되지 않았다고 말을 이어갑니다. 다시 정리해보겠습니다.

(주제) 서해에서 160명이 탑승한 여객선이 실종됐다는 소식이 조금 전에 들어왔습니다.

(설명1) 서해 어느 지점에서 실종됐는지는 아직 파악되지 않고 있습니다.

(설명2) 탑승객 수가 160명이라고 하는데, 수학여행을 간 학생들인지 아니면 일반 여객들인지도 아직 파악 중인 상황입니다.

(설명3) 만약 수학여행 중인 학생들이 대거 탑승했다고 한다면, 제2의 세월호 사건으로 불릴 가능성도 생각해볼 수 있을 것 같습니다.

(주제 강조) 다시 한번 전해드립니다. 서해에서 160명이 탑승한 여객선이 실종됐다는 소식입니다. 자세한 소식은 들어오는 대로 다시 전해드리겠습니다.

결국 중요한 것은 말의 흐름입니다. 이렇게 긴급한 상황에서는 구성의 덫에 빠지지 말아야 합니다.

두 번째 방법 : 첫 문장은 섹시하게

말하기에 도움이 되는 글쓰기 방법 가운데 굉장히 유용하면서 사용하기 쉬운 전략이 '첫 문장 전략'입니다. 첫 문장은 무조건 '섹시'해야 합니다. 첫 문장은 누가 봐도 눈에 뜨일 정도여야 한다는 말입니다. 여기서 섹시(sexy)하다는 말은 관능적이어야 한다는 의미가 아닙니다. 인상적이고 임팩트를 가진 글(말)이어야 한다는 뜻입니다. 이야기를 들을 때를 생각해보십시오. 첫 이야기부터 뭔가 '훅' 하고 들어오는 내용이면 귀를 쫑긋 세우게 됩니다. 글도 말도 마찬가지입니다. 첫 문장에서 일단 강한 인상을 주고 들어가는 것이 좋습니다.

글을 쓰고 말을 잘 하려고 연습하는 입장이라면 목표로 삼아야 할 글의 분량은 대체로 3,4덩어리 정도가 될 것입니다. 여기서 덩어리란 문단을 의미합니다. 한 문단을 3,4문장 정도로 구성한다고 가정하면 9문장에서 16문장짜리 글을 쓰는 것이죠. 16문장짜리 글이라니 짧다는 생각이 드시나요? 그렇지 않습니다. 16문장은 하려는 이야기를 거의 다 담아낼 수 있는 분량입니다.

방송 뉴스 기사의 문장이 보통 몇 문장쯤 된다고 생각하시나요? 방송 기자들도 신문 기자들과 마찬가지 방식으로 취재합니다. 신문 기사는 좀 깊고 다양하게 다루는 반면, 방송 기사는 핵심만 간략하고 정확하게 전달하는 데 초점을 맞춥니다. 단순하게 비교하면 신문 기사는 길고 방송 기사는 짧습니다. 방송 기사는 통상 12문장 안팎입니다. 길어도 15문장을 넘기지 않습니다. 심층 분석 기사라 해도 20문장을 넘기는 것은 드뭅니다. 그만큼 압축적으로 요약하는 능력이 매우 중요하게 작용합니다.

제가 이 책에서 독자와 더불어 목표로 하는 글의 분량은 어떤 면에서 방송 기사 분량과 비슷합니다. 방송 기사는 신문 기사와 비교하면 짧기 때문에 첫 문장에 더 공을 들입니다. 예를 들어 화재 소식을 전하는 기사라면 어떻게 쓸까요? 내용은 '서울 북아현동에서 화재가 발생해 10명이 숨졌다'는 것입니다.

보통 이런 기사를 쓰는 방송 기자는 첫 문장을 "오늘 새벽 서울 북아현동에서 불이 나 10명이 숨졌습니다"라는 문장으로 시작하지 않습니다. 대개는 "시뻘건 불길이 건물을 집어삼킬 듯이 타오릅니다"라는 식으로 화재 현장의 모습을 강렬하게 묘사하려고 노력합니다. 조금 우악스럽게 느껴지는 표현이 사용되더라도 강렬한 인상을 주는 화재 장면을 먼저 묘사해야 사람들의 눈과 귀가 쏠리기 때문입니다.

우리의 글쓰기도 이래야 합니다. 다양한 상황에서 다양한 주제로 글을 쓰기 때문에 모든 경우에 따라(case by case) 사례를 들기는 어렵지만, 분명한 것은 짧은 글일수록 첫 문장에서 시선을 끌어야 한다는 것입니다. 그만큼 첫 문장에 힘이 있어야 합니다. 말하기도 마찬가지입니다. 글이든 말이든 첫 문장이 섹시해야 합니다.

세 번째 방법 : 문장들을 매끄럽게 연결하자

'한국인이 가장 사랑하는 수필가'라는 수식어가 붙는 인물이 있습니다. 피천득 선생입니다. 국정교과서에 실린 작품도 있어서 우리 모두에게 꽤 친숙한 작가입니다.

피천득 수필의 특징을 이야기할 때 빠지지 않는 것이 간결한 문장입니다. 단문 위주의 문장이죠. 특징은 문장과 문장을 이어주는 '이음새'가 없는 경우가 많다는 것입니다. '접속사'를 잘 사용하지 않는 것입니다. 문장과 문장 사이에 접속사를 배치해 문장의 연결성을 친절하게 보여주는 대신, 문장과 문장 사이에 여백을 남겨둔 것입니다. 작가의 의도입니다. 그래서 그의 문장을 읽다 보면 생각을 하게 됩니다. '이 문장과 문장 사이에 담겨진 여백은 어떤 것일까' 하고 말이죠. 그런 면에서 피천득의 수필은 산문이라기보다 운문에 가까운 느낌을 줄 때가 많습니다. 시처럼 무언가 응축돼 있는 듯, 무언가 생략돼 있는 듯, 무언가 말을 하려는 듯, 무언가 숨기려는 듯합니다. 우리가 그걸 찾아내도록 사색을 유도하는 것입니다. 불친절하게 보일 수도 있지만, 우리에게 사색의 기쁨을 알려주는 문장이기도 한 것이죠. 대가의 글이란 그런 것 같습니다.

그의 글에서 예를 하나 들어볼까요. 교과서에도 실려 있는 유명한 수필《인연》의 마지막 문장입니다.

① 아사코와 나는 세 번 만났다.
② 세 번째는 아니 만났어야 좋았을 것이다.

①번 문장의 동사는 '만났다'입니다. ②번 문장은 '아니 만났어야 좋았을 것이다' 즉, '만나지 말았어야 했다'라는 말이죠. 그러니까 ①번과 ②번은 각각 상충되는 의미를 담아내는 문장들입니다. 일반적으로 ①번과 ②번 사이에는 '그러나'라는 접속사가 들어가야 합니다. 그래야 문장과 문장의 관계를 친절하게 알려주기 때문입니다. 그러나 피천득 선생은 의도적으로 접속사를 넣지 않았습니다. 접속사의 자리를 독자들에게 내어준 것이죠. 그래서 그 글을 읽는 우리들은 생각을 하게 됩니다. 접속사의 빈자리가 무엇인지 생각하는 동시에 '왜'라는 질문도 함께 떠올리는 것입니다. 그러니 우리가 작가의 의도대로 사색을 하게 되는 것입니

다. 철저하게 작가의 의도에 지배당하며 그의 글에 빨려 들어가는 것입니다.

우리가 이런 대가의 글쓰기를 괜히 흉내내면 시너지보다 악순환이 이어질 가능성이 큽니다. 더구나 우리가 하려는 글쓰기 공부는 말하기를 잘 하기 위한 수단이므로, 피천득 선생처럼 멋있는 글쓰기를 반드시 따라야 할 필요는 없습니다. 그렇다면 우리는 문장과 문장 사이를 어떻게 관리해야 할까요? 답은 이미 나왔습니다. 우리는 반대로 접속사를 적극적으로 사용해야 합니다.

접속사를 사용하는 이유는 말의 논리성을 강조하기 위한 것입니다. 말과 말을 나열하기보다, 내가 하는 말 안에 담긴 논리성을 상대방에게 적극적으로 알려주면서 듣는 사람에게 이해도를 높이고, 나의 말하기의 논리성을 높이기 위한 전략입니다. 글쓰기에서 접속사는 더러 군더더기로 간주되기도 하지만, 말하기에서 접속사는 말의 논리성을 강화시켜주는 감초 같은 존재입니다.

그렇다면 우리는 수많은 접속사들을 죄다 외우고 인식하면서 사용해야 할까요? 아닙니다. 우리에게는 '그리고, 그러나, 따라서, 그러므로'(ㄱㄱㄸㅁ) 이 4개면 충분합니다. 어려운 말로는 순접, 역접, 인과 접속사라고 하는데, 이런 용어는 중요하지 않습니다. 우리는 'ㄱㄱㄸㅁ' 네 가지만 잘 활용하면 됩니다.

'그리고'는 동일한 맥락에서 내용을 이어갈 때 사용하는 순접 접속사입니다. "나는 엄마를 좋아해요. 그리고 아빠를 좋아해요"

라는 식입니다. 나의 의견, 주장, 설명을 덧붙이면서 강화하려고
할 때 '그리고'를 사용합니다.

'그러나'는 역접 접속사입니다. 앞의 문장과 뒤의 문장이 서로
반대되는 의미를 확연히 강조하려는 목적으로 사용됩니다.

"철수는 돼지고기를 좋아해, 그러나 나는 소고기를 좋아해."

이 문장의 핵심은 철수가 돼지고기를 좋아한다는 것일까요?
아니면 내가 소고기를 좋아한다는 것일까요? 당연히 내가 소고
기를 좋아한다는 이야기를 하고 싶어서 '그러나'를 사용한 것입
니다. 그래서 누구나 말을 할 때나 들을 때는 '그러나'에 집중해
야 합니다. '그러나' 뒤에 이어지는 말이 그가 하려는 말과 글의
핵심일 가능성이 크기 때문이죠.

'따라서'와 '그러므로'는 원인과 결과 관계를 보여주는 인과
접속사입니다. 말과 글의 논리성을 가장 분명하게 드러냅니다.
인과관계가 분명하다는 말을 다른 말로 표현하면 논리적으로
탄탄하다는 것입니다. 그렇기 때문에 '따라서'와 '그러므로'를
적극적으로 활용해야 합니다. 이건 글에서나 말에서나 마찬가
지입니다.

어떤 글이나 말이든 논리적 완성도가 가장 중요합니다. 논리
성이 떨어지면 글이든 말이든 전달력이 떨어집니다. 쉽게 말해
'무슨 소리 하는지 모르겠다'가 되고 맙니다. "그래서 내가 하려
는 말이 이런 거야"라고 논리의 마침표 도장을 찍어주는 것이

'따라서'와 '그러므로'입니다.

'그그따므' 외에 '그런데, 예컨대, 왜냐하면, 결론적으로'라는 네 가지 접속사를 더 알아두면 좋습니다.

'그런데'는 '그러나'와 달리 문장과 문장의 주제나 주장이 전환된다는 의미를 나타냅니다. 전환 접속사인 것입니다.

"나는 사과를 좋아해. 그런데 너는 배를 좋아하지."

이 문장만 놓고 보면 아마 다음 이야기는 '네가 좋아하는 배'에 초점을 맞춰 진행될 가능성이 큽니다. '그런데'라는 접속사로 내용과 의미의 전환이 이루어졌기 때문입니다.

유사한 전환 접속사로 '다만, 다른 한편(으로)'도 있습니다. 용례는 조금씩 다르지만, '그런데'처럼 전환하는 느낌이 있다는 것을 기억하고 사용하면 됩니다.

말할 때는 별것이 아닌데 조금 지적으로 보이게 하는 접속사가 '예컨대, 예를 들면, 왜냐하면' 같은 보완 접속사입니다. 무언가 예나 이유를 든다는 것이죠. 예를 든다는 것은 내가 어떤 주제와 관련된 콘텐츠를 가지고 있다는 점을 의미합니다. '예컨대'라고 보완 접속사를 붙인 다음 제안하는 예시가 신선하고 공감을 얻는 역할을 하면 이런 접속사는 훌륭한 보완 기능을 하게 됩니다. '예컨대, 예를 들면' 같은 접속사를 잘 활용하면 나의 말하기와 글쓰기의 품질을 높여주는 동시에, 다른 사람의 말하기와 글쓰기에 비해 차별성을 갖게 만들어줍니다. 그래서 예시를 잘만 사용하면 굉장한 파급력을 지니게 됩니다.

보완 접속사 가운데 가장 적극적으로 사용할 필요가 있는 것이 '왜냐하면'입니다. 나의 주장을 간편하게 보완해주면서 근거를 덧붙이는 역할을 합니다. 말을 듣는 사람 입장에서 상대방이 '왜냐하면'이라는 접속사를 말하면 귀를 더 열게 됩니다. '아, 이제 이 사람이 말하거나 주장한 것에 대한 근거가 나오겠구나'라는 생각을 하게 되는 것이죠.

지나가는 사람들에게 "예수님은 살아계셔"라고 아무리 말해봐야 설득이 안 됩니다. 그럴 때 이어서 '왜냐하면'이라는 접속사를 사용해 누구나 고개를 끄덕이는 근거를 댈 수 있다면 그는 대단한 전도자가 될 것입니다.

'접속사 하나가 뭐 그리 대수냐?'라고 여전히 생각하실 수도 있습니다. 접속사 하나라도 잘만 사용하면 '굉장한 대수'가 될 수 있습니다.

마지막으로 종결 접속사를 이야기하려 합니다. 말을 마칠 때 "나는 이제 말을 마칠 거예요"라고 던져주는 접속사로서 '결론적으로'가 그 예입니다. 이 접속사 하나면 지금까지 내가 말한 것과 주장한 것을 요약하겠다는 뜻으로 이야기를 닫을 수 있습니다. '끝으로', '마지막으로'도 이런 상황에서 사용 가능한 종결 접속사라고 할 수 있습니다.

보통 글쓰기에서 중요한 원칙을 이야기할 때 빠지지 않는 것이 "접속사를 너무 많이 사용하지 말라"는 것입니다. 글에서는 '그리고', '그런데' 같은 접속사가 없어도 이야기를 전개하는 데 큰 문제가 없는 경우가 많기 때문입니다. 그래서 글을 지저분하게 만드는 군더더기 같은 것으로 치부되는 경우도 적지 않습니다. 피천득 선생처럼 압축적인 미학을 선보이는 시인과 소설가들이 접속사를 거의 사용하지 않는 것도 대체로 이런 이유 때문입니다.

그러나 우리는 이 책에서 글쓰기를 위한 글쓰기를 하자는 것이 아닙니다. 말하기를 위한 글쓰기를 하자는 것이므로, 원칙이나 문학적으로는 조금 어긋나더라도, 말하기에 좋은 습관을 들이기 위한 글쓰기를 추구하고 있습니다. 따라서 접속사를 적극적으로 사용하는 것을 말하기에서 기본으로 삼을 필요가 있습니다.

네 번째 방법 : 단락의 역할을 구분하자

지금까지 문장의 구성에 대해, 그리고 문장과 문장의 연결 등에 대해 이야기했습니다. 이번에는 단락에 대한 이야기하고자 합니다. 글의 완성을 위해 단락의 역할을 이해할 필요가 있기 때문입니다.

문장과 문장이 합쳐지면 하나의 단락을 형성하게 되고, 단락 몇 개가 합쳐지면 한 편의 글이 완성됩니다. 주제를 제시하고, 그 주제를 뒷받침하는 단락이 이어지는 단락 구분은 다음과 같이 할 수 있습니다.

  주제 + 뒷받침1 + 뒷받침2 + 뒷받침3 + 주제 강조

  '주제'는 서론을, '뒷받침 1-3'은 본론을, 그리고 '주제 강조'는 결론에 해당합니다. 뒷받침 단락은 보통 2개, 많으면 4개 정도까지 쓸 수 있습니다. 여기에서는 뒷받침 단락이 3개일 경우를 이야기해보겠습니다.

  보통 하나의 단락에는 하나의 아이디어가 들어가야 한다고 말합니다. 하나의 단락에 아이디어가 2개 이상 들어가면 일단 이상합니다. '나는 예수 그리스도가 살아계신다는 것을 믿는다'라는 주제를 이야기하는 단락의 마지막 문장에 '어쩌면 부처님도 살아 계실지 모른다는 생각이 종종 든다'라는 내용이 들어가면 이상하지요. 주제나 주장이 모호해지는 것은 차치하고, 일단 하나의 단락 안에 두 개의 아이디어가 들어가면 단락 안의 논리 구조가 깨질 수 있습니다. 그러므로 하나의 단락 안에는 하나의 아이디어만 들어가는 것이 좋습니다.

  단락 구분을 이해하기 위해 예시로 사용하려는 주제 문장은 '나는 예수 그리스도를 믿는다'입니다. 그러면 이 문장을 뒷받침하는 다음 단락을 만들어야 합니다. 뒷받침해야 할 단락 3개를 만들기로 했기 때문에, 뒷받침하는 내용 세 가지가 필요합니다.

뒷받침1 : 예수 그리스도를 믿은 뒤 나는 다른 사람들을 존중하게 됐다.
　　　　 나도 모르는 사이에 나를 낮추는 모습을 발견한다.
뒷받침2 : 예수 그리스도를 믿은 뒤 가족의 소중함을 깨닫게 됐다. 늘 사
　　　　 회적 관계에만 집착했던 나였지만, 나도 모르는 사이에 가족
　　　　 을 최우선 가치로 삼게 됐다.
뒷받침3 : 예수 그리스도를 믿은 뒤 삶의 참 의미를 알게 됐다. 더 이상
　　　　 물질과 명예에 집착하지 않게 됐다.

　각각의 뒷받침 문장에는 각각 한 가지의 아이디어가 들어 있
습니다. 하나의 뒷받침 문장에 두 가지 아이디어가 들어가면 각
단락의 초점이 분산됩니다. 하나의 단락에 하나의 아이디어만 들
어가야 글이 깔끔해지고, 읽는 사람도 메시지를 분명하게 받아들
일 수 있습니다. 이 단락들에 주제와 주제 강조를 포함시켜 다시
정리해보겠습니다.

주제 : 나는 예수 그리스도가 살아계신다고 믿는다.
뒷받침1 : 예수 그리스도를 믿은 뒤 나는 다른 사람들을 존중하게 됐다.
　　　　 나도 모르는 사이에 나를 낮추는 모습을 발견한다.
뒷받침2 : 예수 그리스도를 믿은 뒤 가족의 소중함을 깨닫게 됐다. 늘 사
　　　　 회적 관계에만 집착했던 나였지만, 나도 모르는 사이에 가족
　　　　 을 최우선 가치로 삼게 됐다.

뒷받침3 : 예수 그리스도를 믿은 뒤 삶의 참 의미를 알게 됐다. 더 이상 물질과 명예에 집착하지 않게 됐다.

주제 강조 : 그렇기 때문에 나는 예수 그리스도가 내 마음 속에서 항상 살아 계시며 내 삶을 인도하신다는 점을 믿는다.

주제를 설명하고, 주제를 뒷받침하고, 주제를 강조하였습니다. 이렇게 구조를 세우면 단락과 단락 사이의 연결성이 분명해지고, 하나의 단락 안에 다른 단락에 담긴 아이디어가 겹치지도 않습니다.

만약 16문장짜리 글을 쓴다고 하면 '주제 1,2문장, 뒷받침 12-14문장, 주제 강조 1,2문장' 같은 식으로 대강 구분하면 됩니다. 뒷받침 단락을 3개로 정하면 뒷받침 단락 하나에 각각 4,5문장으로 구성하면 됩니다.

주제 : 1,2문장

뒷받침1 : 4,5문장

뒷받침2 : 4,5문장

뒷받침3 : 4,5문장

주제 강조 : 1,2문장

이렇게 하면 하나의 글이 완성될 수 있는 토대가 마련된 것입니다. 별거 아닌 것 같지만, 이런 식의 구조를 형성하고 구조 안에 담아낼 문장의 갯수까지 미리 예상하면서 글을 쓰면 훨씬 수월하게 정교한 방식으로 한 편의 글을 써내려갈 수 있습니다. 이런 방식이 익숙해지면 빨리 쓸 수 있고, 말하기에도 빠르게 반영할 수 있는 순발력이 생깁니다.

다섯 번째 방법 : 본론은 3단락이면 충분하다

아는 지식도 많고 말도 세련되게 잘 하는 것 같은데, 듣는 사람이 불편한 경우가 있습니다. 말을 너무 많이, 너무 길게 하는 경우가 그렇습니다. 아무리 좋은 내용을 이야기하고 좋은 사례와 콘텐츠를 전달한다 해도 말이 많으면 과유불급(過猶不及)입니다. 무엇이든 지나치면 장점까지 단점으로 평가될 수 있습니다.

그러므로 말하기에 도움이 되는 글쓰기를 연습할 때, 최대 3개 단락으로 내 생각을 이야기한다는 식으로 글을 쓰면 좋을 것 같습니다. 3개의 단락에 3개의 아이디어로 나의 생각을 뒷받침하며 주장을 전하는 습관을 들이는 것입니다. 아이디어 3개면 뒷받침 내용으로는 대개 충분합니다. 뒷받침할 내용이 많다면, 3개의 뒷받침 단락마다 각각의 단락에 유사한 내용의 문장을 모아 추가하는 것도 한 방법입니다. 가급적 세 가지 주제를 넘어가지 않도록 정리하는 것입니다.

우리는 글을 쓰든 말을 하든, 이렇게 세 가지 아이디어로 서론의 주제를 뒷받침한다는 생각을 염두에 둘 필요가 있습니다. 4개가 넘어가면 지루해질 수 있고, 2개 이하가 되면 내용이 빈약해질 수 있습니다. 3개면 어느 이슈든 나의 생각과 주장을 충분히 펼칠 수 있습니다. 그래서인지, 전통적으로 목사님들이 설교할 때는 3대지 설교, 즉 성경 본문에 대한 해석 또는 강해를 할 때 세 가지로 정리하는 것을 많이 볼 수 있습니다. 목사님들이 설교를 노트에 받아적으면 첫째, 둘째, 셋째로 정리될 때가 많지요.

우리도 마찬가지입니다. 글쓰기를 연습하면서 단락의 갯수에 많은 고민을 할 필요가 없습니다. 아이디어는 3개면 충분합니다.

여섯 번째 방법 : 결론은 무조건 조신하게

첫 문장을 무조건 '섹시하게' 뽑아야 한다는 이야기를 앞에서 나눴습니다. 시작부터 읽는 사람과 듣는 사람의 눈과 귀에 확실히 도장을 찍고 가자는 것이지요. 그래야 사람들이 내 말을 끝까지 읽고 들으려는 노력을 합니다. 이건 누구나 똑같습니다. 당장 저만 해도 칼럼이나 에세이의 첫 문장이 재미없으면 흘려 보게 됩니다. 첫 문장이 힘이 없으면 읽는 사람이나 듣는 사람이나 힘이 빠집니다. 아무리 열심히 쓰고 말해도 잘 안 보고 안 듣게 됩니다.

처음(서론)이 중요한 만큼 끝(결론)도 당연히 중요합니다. 그런데 많은 사람들이 결론에서 적잖은 실수를 합니다. 글이든 말이든 그냥 '종료하기'가 괜히 아쉬운 것입니다. 조금이라도 더 이야기하고 싶은 일종의 '친절병'이 도지는 것입니다. 조금 더 친절하게 한답시고 결론을 한 마디라도 더 해야 읽는 사람 또는 듣는 사람에게 더 많은 정보와 유익을 주지 않을까 생각하는 것입니다. 나아가 '더 똑똑한 내가' 다른 사람에게 더 많은 이야기를 해야 하는 것이 아닌가 하는 착각에 빠지는 경우도 많습니다. 그렇지 않습니다.

보는 사람이나 듣는 사람이나, 서론과 뒷받침 내용을 듣다보면 이미 말하려는 결론이 무엇인지 짐작하고 충분히 이해하게 됩니다. 그러므로 결론을 길게 늘여선 안 됩니다. 구차해집니다. 우리는 이런 함정을 조심해야 합니다.

첫 문장을 섹시하게 열었다면 끝 문장은 조신하게 닫는 연습을 해야 합니다. 나의 매력을 드러내려는 시도는 이미 뒷받침 단락에서 다 했습니다. 내 글이 얼마나 섹시한지, 내가 얼마나 잘났고 많이 아는지, 어필할 만큼 충분히 한 것이지요.

나에 대한 평가는 이미 본문에서 끝났습니다. 그렇기 때문에 결론에서는 조금 조신해질 필요가 있습니다. 가급적 차분해지고 담담해져야 합니다. 나의 매력을 담담하게 정리하면서 문을 닫으면 됩니다.

그래도 사람들은 결론부에 새로운 아이디어를 덧붙이는 실수를 여전히 많이 합니다. 아이디어 하나를 덧붙이면 자기의 똑똑

한 부분이 더 드러날 것이라고 착각하는 탓입니다.

서론과 뒷받침 단락에서 아무리 논리적으로 치밀하게 진행해왔다 하더라도, 결론에서 새로운 무언가가 또 나오면 전체적인 논리성과 설득력이 떨어지고 맙니다. 예를 들어 "예수님이 살아계신다는 것을 믿는다"는 이야기를 다 해놓고, 결론 마지막에 "예수님이 역사적으로 존재했는지에 대한 논쟁에 대해서도 관심을 가질 필요가 있다"는 문장이 더 들어가면 다른 주제로 이야기가 확장되고 맙니다. 그건 말 그대로 뱀의 발, 즉 실제로도 없고 필요도 없다는 의미인 사족(蛇足)입니다. 뾰족한 줄 알았던 글쓰기와 말하기가 닳아서 뭉툭한 연필처럼 되어버리는 것입니다.

그러니 결론은 서론과 본론을 정리하는 것으로, 주제를 강조하는 정도로 최대한 담백하게 끝내는 게 좋습니다. 안 그러면 글과 말의 완성도는 물론이고 일단 어색해집니다. 읽는 사람과 듣는 사람이 어색해지는 순간, 글과 말은 의미를 잃게 됩니다. 따라서 이 문장을 명확히 기억하기를 바랍니다.

"글 잘 쓰기가 말 잘 하기를 돕는다."

예수처럼 말하는 법, 우리의 말 품격을 위한 제8계명입니다.

덧붙여, 이 문장도 기억합시다.

"첫 문장은 섹시하게, 끝 문장은 조신하게."

묘사가 말하기의
품격을 높여준다

저는 고등학교 때 문예반 활동을 했습니다. 어쭙잖게 시를 쓰다 보니 제게는 연애편지를 대신 써달라는 친구들의 의뢰가 많았습니다. 연애편지를 제가 다 쓸 경우는 의뢰비로 식권 3장, 이미 쓴 연애편지를 다듬을 때는 식권 1장을 받았던 기억이 납니다. 저는 고등학교 때부터 글과 관련된 일을 하며 '생계유지'에 도움을 받았던 셈입니다.

저는 친구들의 연애편지를 수정할 때 좋아하는 감정을 얼마나 풍성하게 표현하느냐에 초점을 맞추었습니다. 이를테면 '정말 너무 예쁜 너의 모습'이라는 표현은 '봄날의 오후 햇살보다 눈부신 너의 모습'으로 바꾸는 식입니다. 돌이켜 보면 유치찬란한 고등학교 1학년 학생의 말장난 같지만, 연애편지를 대필해주면서 저도 모르는 사이에 '묘사의 힘'을 체화시켰던 것 같습니다.

묘사는 나의 글과 말을 더 풍성하게 만들어줍니다. 묘사력이 좋은 사람은 글이든 말이든 전하려는 내용을 풍성하고 격조있게 만들 줄 압니다. 또한 적절한 묘사는 상대방의 눈과 귀를 즐겁게 해줍니다.

기본적인 글(말)의 요건을 갖췄다면, 이제는 구체적인 글쓰기(말하기)의 요건인 묘사력을 통해, 말하기의 본질에 다가가려는 노력에 섬세한 방점을 찍어야 합니다.

크리스천다운 말 품격, 예수처럼 말하는 법 제9계명은 '묘사는 말하기의 품격을 높여준다'입니다. 묘사가 어떻게 말하기의 품격을 높여주는지 살펴보도록 하겠습니다.

'봉테일' 봉준호 감독의 디테일한 묘사의 힘

세계 3대 영화제로 꼽히는 프랑스 칸 영화제가 좋아하는 한국인 감독들이 있습니다. 그 중에 빠지지 않는 감독이 봉준호입니다. 봉준호 감독은 국내에서는 40대 후반의 인기감독 정도로 인식하는 사람도 많은 것 같은데, 해외에서는 이미 거장 반열에 오른 인물로 평가받습니다. 봉준호 감독의 어떤 면이 그를 거장 반열에 올려놓은 것일까요? 봉준호 감독의 별명에서 힌트를 찾을 수 있을 것 같습니다.

봉 감독의 별명은 '봉테일'입니다. 심하다 싶을 정도로 디테일 (detail)을 살리는 연출을 잘 한다고 해서, 봉준호와 디테일을 합쳐 봉테일이라고 부르는 것입니다. 디테일에 강한 강점이 봉 감독에게 거장 타이틀을 안겨준 요인으로 볼 수 있겠네요.

디테일하게 영화를 연출한다는 것을 글에 적용하면 세부적인 묘사를 잘 하는 것이라고 할 수 있습니다. 그렇다면 디테일에 강하다는 것을 어떤 의미로 이해할 수 있을까요? 거대한 담론보다 특정 소재를 바라보는 방식이라고 이해할 수 있을 것 같습니다. 예를 들어 이야기를 잘 못하는 사람은 한국사회의 고질적 문제점을 이야기할 때 경제적 양극화 같은 거대담론을 거론합니다. 반면, 이야기를 잘 하는 사람은 양극화를 보여줄 수 있는 어떤 실제 사례를 꺼내 들어 그 소재를 아주 구체적으로 묘사합니다.

봉준호 감독의 신작 〈기생충〉도 그런 방식입니다. 봉 감독은 가족 구성원 전체가 백수인 한 가정의 상황을 매우 디테일하게 묘사하면서 그 가족에게 '기생충' 이미지를 덮어씌웁니다. 가족 구성원 모두가 백수인 집에서 장남이 온 가족의 기대 속에서 부잣집에 과외선생 면접을 보러가면서 시작되는 이야기를 통해, 봉 감독은 한국사회의 양극화를 구체적으로 보여줍니다.

봉 감독처럼 매우 디테일하게 영화를 연출하는 감독을 '영화 잘 만드는 감독'이라고 한다면, 매우 자세하게 묘사하며 말하는 사람을 '말 잘 하는 사람'이라고 할 수 있겠습니다. 이런 사람은 말하고자 하는 내용을 세밀하고 정확하게 표현합니다.

우리가 말하고자 하는 것은 내 머릿속에 들어 있는 정보이기도 하고, 눈앞에 펼쳐진 상황일 수도 있습니다. 결국 말을 잘 한다는 것은 자기가 알고 있는 것을 상대방이 이해할 수 있도록 논리정연하게 설명하는 것을 의미합니다. 또한 자기가 눈으로 본 상황을 상대방에게 잘 전달하는 능력이기도 합니다. 전자가 '논리'와 관련된 것이라면 후자는 '묘사'와 관련된 것입니다. 따라서 말을 잘 한다는 것은 논리와 묘사의 조화라고 할 수 있습니다.

논리와 묘사는 조금 다른 것 같지만, 그 힘의 근원은 같다고 볼 수 있습니다. 꾸준한 독서와 글쓰기입니다. 논리를 정연하게 하고, 다양한 정보를 내 것으로 만들기 위한 작업으로서 꾸준한 독서와 글쓰기를 해온 사람들은 논리를 뒷받침할 수 있는 총알이 많을 뿐 아니라 표현하고 설명하는 묘사력도 좋습니다. 많이 알면 알수록, 논리력뿐 아니라 묘사력도 어느 정도 비례해서 늘기 마련입니다.

디테일의 원조

가끔 주변에서 크리스천이 아닌데도 성경을 읽는 사람을 접할 수 있습니다. 이분들은 기독교나 천주교 신자는 아니지만, 성경적 세계관이 무엇인지 궁금해 성경을 읽는 경우입니다. 특히 철학이나 인문학을 공부하는 사람들 중에 성경을 가까이 두고 공부하는 분을 종종 볼 수 있습니다. 예수를 믿지는 않지만, 서구 세계 가치관의 기저에 자리 잡은 사고와 세계관을 이해하기 위해 성경을 보는 것입니다.

신앙생활을 하지 않는 사람들이 성경을 읽을 때는 대체로 이성적이고 논리적 시각으로 봅니다. 이렇게 성경을 보면 신앙생활을 하는 사람들이 평소 미처 인식하지 못했던 부분을 보기도 합니다. 구약성경 '레위기'를 바라보는 시각을 예로 들어봅니다. 기독교인도 대부분 레위기를 어려워합니다. 제사법과 예물 등에 관련된 내용이 워낙 자세히 기록돼 있다 보니 복잡하고 어렵게만 느껴지는 것이죠.

그런데 정보 획득을 위해 성경을 읽는 사람들은 레위기를 디테일에 강한 책이라고 말하기도 합니다. 저는 그런 분석을 처음 들을 때 무릎을 탁 쳤습니다. '아, 디테일의 원조가 하나님이셨구나!' 하는 깨달음이 머리를 스쳤기 때문입니다.

구약성경에서 창세기와 출애굽기는 상당히 재미있습니다. 70억 지구촌 사람들이 모두 크리스천은 아니지만, 아담과 하와, 야곱과 요셉, 모세와 애굽왕 바로 등에 대해 알고 있는 것은 그들이 모두 흥미로운 캐릭터이기 때문입니다. 이들의 공통점은 모두 창세기와 출애굽기의 주연 또는 조연이라는 사실입니다. 창세기와 출애굽기는 기본적으로 서사적 형식을 취하고 있기 때문에 스토리 중심입니다. 그래서 재미있습니다. 캐릭터 성격이 워낙 강하다 보니 수많은 문학작품과 영화의 모티브가 되기도 합니다.

그런데 출애굽기 직후 등장하는 레위기에서 사람들은 성경에 겁을 먹기 시작합니다. 갑자기 무슨 말인지 알 수 없는 제사와 관련된 이야기가 끝없이, 게다가 너무나 자세히 이어지기 때문입니다. 정말 엄청나게 자세합니다. 제사만 하더라도 소제, 화목제, 속죄제, 속건제 등, 이름만 들어도 복잡하고 헷갈리는 다양한 제사의 종류가 잔뜩 등장합니다. 게다가 각 제사에 대한 하나님의 설명이 몹시 구체적입니다. 디테일에 강한 봉준호 감독을 '봉테일'로 부른다면, 디테일의 원조인 하나님은 '하테일'이라고 불러도 되지 않겠느냐는 우스갯소리도 해봅니다.

'정말 이럴 수 있을까?' 싶을 정도로 디테일하게 설명하는 분이 구약 레위기를 쓰게 하신 하나님이십니다. 예를 들어, 레위기 6장에서 하나님은 "이웃에게 죄를 지으면 적절히 보상하라"는 가르침을 아주 세밀하게 설명하십니다.

2누구든지 여호와께 신실하지 못하여 범죄하되 곧 이웃이 맡긴 물건이나 전당물을 속이거나 도둑질하거나 착취하고도 사실을 부인하거나 3남의 잃은 물건을 줍고도 사실을 부인하여 거짓 맹세하는 등 사람이 이 모든 일 중의 하나라도 행하여 범죄하면 4이는 죄를 범하였고 죄가 있는 자니 그 훔친 것이나 착취한 것이나 맡은 것이나 잃은 물건을 주운 것이나 5그 거짓 맹세한 모든 물건을 돌려보내되 곧 그 본래 물건에 오분의 일을 더하여 돌려보낼 것이니 그 죄가 드러나는 날에 그 임자에게 줄 것이요 6그는 또 그 속건제물을 여호와께 가져갈지니 곧 네가 지정한 가치대로 양 떼 중 흠 없는 숫양을 속건제물을 위하여 제사장에게로 끌고 갈 것이요 7제사장은 여호와 앞에서 그를 위하여 속죄한즉 그는 무슨 허물이든지 사함을 받으리라 _레위기 6:2-7

사실 이 긴 설명은 '죄를 지으면 제사장에게 제물을 가져가서 죄를 없애는 제사를 지내라'라는 한 문장으로 요약할 수 있습니다. 하지만 하나님의 설명은 그렇게 간단하거나 무책임하지 않습니다. 어떻게 어떤 방식으로 사과해야 하는지, 하나부터 열까지 일일이 디테일하게 설명하시는 것이 하나님의 방식입니다.

상황을 디테일하게 설명하거나 묘사한다는 것은 그만큼 묘사에 강하다는 것을 의미할 뿐 아니라, 그것이 매우 중요하다는 의미입니다. 설명적 묘사든 상황적 묘사든, 세부적으로 말하고 보여줄 수 있어야 그 말과 글과 영상이 풍성해지고 의미의 중요성도 강조할 수 있습니다. 그렇기 때문에 우리는 디테일에 집중해야 합니다. 이른바 '디테일에 강한 사람'이 되어야 합니다.

이 필요성을 충분히 인식했다면, 이제부터는 어떻게 하면 디테일을 강화시킬 수 있을지에 대해 살펴보겠습니다.

묘사는 어떻게 해도 힘이 있다

주변을 둘러보면 '미세먼지를 피해 이민 가야겠다'는 사람들이 꽤 많습니다. 파란 하늘을 보기가 일상적이지 않게 됐다는 의미이겠죠.

일주일 내내 미세먼지와 초미세먼지에 한바탕 난리를 겪다가 모처럼 비가 내린 뒤 화창한 날이 왔다고 생각해보겠습니다. 간만에 마스크 안 쓰고 산책할 수 있는 상황에서 다음 두 종류의 대화가 가능할 것입니다.

① 오늘 햇살도 좋은데 잠깐 산책하고 들어갈까?

② 오늘은 모처럼 미세먼지도 없고 공기도 맑게 느껴지는데, 정말 이런 게 숨을 쉬는 것 같다는 생각이 들어. 봄꽃도 이런 날을 반기는 것 같지 않아? 먼지가 없으니까 꼭 햇살 부딪히는 소리가 들리는 것 같아. 잠깐 산책하고 들어갈까?

이 말을 귀로 듣고 있다고 할 때, 당신은 ①과 ② 둘 중 어느 말이 더 매력적으로 들리나요? 첫 번째 대화가 의도를 간결하게 전하고 있다는 점에서 깔끔한 맛이 있지만, 왠지 두 번째 대화에 더 귀가 열리는 것이 사실입니다. 결국 똑같이 '산책하자'라는 이야기인데, 두 번째 대화는 눈에 보이는 오늘의 일상을 살짝 포착해서라도 이야기하는 듯한 느낌을 준다는 측면에서, 더 풍성한 느낌을 줍니다.

그런데 자세히 보면 두 번째 대화가 대단한 스킬이 필요한 것은 아닙니다. 공기와 봄꽃, 햇살 등 눈에 보이거나 느껴지는 소재들을 살며시 묘사한 것이 전부입니다. 그다지 디테일하지도 않고 숨 막히게 완벽한 묘사도 아닙니다. 누구라도 일상생활에서 한 번쯤 쉽게 사용할 수 있을 정도의 단순한 묘사에 불과합니다. 이 예를 통해 중요하게 생각할 것은, 묘사를 어떻게 잘 할 것이냐가 아니고, 어떤 묘사라도 묘사는 힘이 크다는 사실입니다.

우리는 봉준호 감독 정도로 디테일의 강자가 될 필요는 없습니다. 말의 매력을 높이고 힘을 실어주는 정도의 디테일이면 충분합니다. 당신이 앞에서 예로 든 문장 정도를 쓸 수 있다면, 묘사의 기술에서 절반은 해결됐다고 봐도 무방합니다. 말하기에 도움이 되는 묘사의 기술은 난이도가 그렇게 높지 않습니다.

그림처럼 묘사하는 예수님

예수님은 어떠셨을까요? 예수님은 분명 묘사에 탁월한 분이셨습니다. 비유를 통한 그분의 가르침을 보면, 예수님이 얼마나 묘사로 설득을 잘 하는 분인지 짐작하기에 충분합니다. 단순히 단어와 단어를 비유하는 것이 아니라, 비유하는 상황을 매우 구체적으로 묘사하셨습니다. 몇 가지 사례를 볼까요?

²⁴예수께서 그를 보시고 이르시되 재물이 있는 자는 하나님의 나라에 들어가기가 얼마나 어려운지 ²⁵낙타가 바늘귀로 들어가는 것이 부자가 하나님의 나라에 들어가는 것보다 쉬우니라 하시니

_누가복음 18:24-25

부자가 하나님 나라에 가는 것이 굉장히 어렵다는 것을 각인시키기 위해, 예수님은 '낙타가 바늘귀로 들어가는 이미지'를 가져오셨습니다. 현실에서 낙타는 바늘귀로 들어갈 일이 없습니다. 부자가 하나님 나라에 가는 일이 그만큼 현실적이지 않을 정도로 어렵다는 말씀을 '낙타와 바늘' 이미지를 통해 보여주신 것입니다.

예수님이 실제로 낙타가 바늘귀로 들어가려 한 모습을 보시고 이 묘사를 하신 것이 아닙니다. 상상으로 한 묘사입니다. 상황을 더 드라마틱하게 만들고 비유의 효과를 높이기 위한 것입니다. 그런데 이 성경을 읽으면 우리도 모르게 낙타가 정말 작은 바늘 구멍으로 어떻게든 들어가 보려는 듯한 이미지를 떠올리게 됩니다. 말을 듣다가 말의 내용이 이미지화돼 내 머릿속에 연상되는 것입니다. 훌륭한 묘사의 활용이란 이런 것입니다.

상상에 의한 묘사를 자신의 말하기에서 적재적소에 효과적으로 사용하기 위해서는 실제적으로 눈으로 본 것을 묘사하는 능력이 좋아야 합니다. 눈앞에 보이는 것을 잘 묘사할 줄 알아야 머

릿속에 떠오르는 이미지도 묘사할 수 있는 것입니다. 다음 비유도 이런 측면에서 해석할 수 있습니다.

> ⁵또 누구든지 내 이름으로 이런 어린 아이 하나를 영접하면 곧 나를 영접함이니 ⁶누구든지 나를 믿는 이 작은 자 중 하나를 실족하게 하면 차라리 연자 맷돌이 그 목에 달려서 깊은 바다에 빠뜨려지는 것이 나으니라 _마태복음 18:5-6

이 말씀은 의도적인 과장된 표현으로 의미를 묘사한 것입니다. 예수님의 제자를 넘어지게 만드는 사람은 큰 벌을 받게 될 것이라는 의미를 전달하기 위해 '연자 맷돌이 그 목에 달려서 깊은 바다에 빠뜨려지는' 극단적 상황을 묘사하신 것이죠. 묘사 능력이 뛰어나지 않는 사람이라면 아마 직설적으로 말했을 것입니다. "내 제자들을 실족하게 만들면 벌을 엄청 많이 받을 것이다"라고 말이죠. 그러니 이 비유는 묘사의 질적 차이는 물론 듣는 사람의 이해까지 고려한, 모든 면에서 훌륭하다고 할 수 있습니다.

예수님의 비유 하나만 더 보고 가겠습니다. 이번에는 겨자씨와 누룩의 비유입니다.

> ³¹또 비유를 들어 이르시되 천국은 마치 사람이 자기 밭에 갖다 심은 겨자씨 한 알 같으니 ³²이는 모든 씨보다 작은 것이로되 자란 후에는

풀보다 커서 나무가 되매 공중의 새들이 와서 그 가지에 깃들이느니라

_마태복음 13:31-32

잘 된 묘사의 특징은 읽거나 들으면 그것이 내 눈앞에 그림처럼 그려진다는 데 있습니다. 그림처럼 그려지게 하려면 독자나 청자의 입장에서 정말 살아 있다고 느끼게 해주어야 합니다. 그래야 좋은 묘사입니다. 예수님의 비유에 담긴 상황 묘사는 대체로 이런 식입니다. 읽거나 듣고 있으면 눈앞에 그 모습이 그림처럼 그려집니다.

예수님은 겨자씨를 설명하면서 '그냥 겨자씨'가 아니라 '자기 밭에 갖다 심은 겨자씨'라고 구체적으로 설명합니다. 수식어를 통해 수식받은 대상이 더 실제적으로 느껴지게 만드는 효과가 있게 됩니다. 겨자씨가 자라면 당연히 나무가 되는데, 예수님은 '자란 후에는 자기 밭에서 풀보다 큰 나무가 된다'고 더 상세하게 상황을 그려주십니다. 게다가 공중의 새들이 그 가지에 깃드는 이미지까지 제시하고 있습니다. 예수님의 설교에서 확인할 수 있는 예수님의 묘사 능력은 말을 잘 하고 싶어하는 우리에게 많은 시사점을 안겨줍니다.

묘사의 기술을 연습하는 법

이제부터는 묘사를 잘 하는 방법에 대해 좀더 디테일하게 알

아볼 것입니다. 내 머릿속에 든 내용, 혹은 내가 글쓰기를 통해 표현한 것을 말로 잘 표현하는 연습을 해보는 것입니다. 그 표현의 수단이 '묘사'입니다. 눈에 보이는 모든 것을 묘사하는 연습의 목적은 말의 흐름을 수려하게 만드는 것입니다.

눈에 보이는 것을 잘 묘사하면 머릿속의 생각도 잘 묘사할 수 있습니다. 생각을 잘 묘사한다는 것은 결국 자기 생각을 잘 표현한다는 뜻이기도 합니다. 그런 뜻에서, 묘사는 매우 효율적인 말하기 연습 방법입니다.

그러면 어떻게 묘사하는 연습을 할 수 있을까요? 묘사하는 능력, 즉 묘사의 기술이란 사실 별 것이 아닙니다. '중얼거리는 것'입니다. 혼자 있을 때, 눈에 보이는 것들을 수시로 중얼거리면서 묘사하는 것입니다. 차를 마실 때나 버스를 타고 거리 풍경을 바라볼 때나, 어느 때든지 눈에 보이는 것을 입으로 표현하면 됩니다. 그래서 누가 보면 말 그대로 중얼거리는 것처럼 보일 수 있는 연습 방법입니다. 이 방법은 일상적으로 혼자 있을 때 더 쉽게, 충분히 연습할 수 있습니다. 그래서 이건 기술의 문제라기보다 의지나 습관의 문제입니다. 그냥 입으로 중얼거리든 노트에 적든, 지금 눈에 보이는 것을 아주 간단하게라도 묘사해보는 것이 중요합니다.

저는 기자로 일할 때, '지금 내가 이 자리에서 준비된 원고가 없으면 어떻게 방송을 할까' 하는 질문을 하면서 혼자 중얼거리는 연습을 자주 하곤 했습니다. 제 방식은 이랬습니다.

예를 들어 제가 지금 기차를 타고 부산에 가고 있습니다. 제 눈에 비치는 모습은 꽉 찬 객실과 분주하게 움직이는 승무원입니다. 창밖을 내다보니 가을에 추수한 뒤의 들판 풍경이 눈에 들어옵니다. 그러면 노트를 꺼내 이렇게 적거나, 바로 입으로 중얼거려 봅니다.

서울에서 출발해 부산으로 향하는 KTX 열차에 있습니다.

추석 연휴를 맞이해 많은 사람들이 고향을 찾는 만큼, 제가 타고 있는 기차도 객실이 만석입니다.

어린 아이부터 어른들까지 남녀노소 모두 행복해하는 모습을 확인할 수 있습니다.

고향 가는 길이 반갑기만 한 중년 부부가 다정하게 이야기를 나누는 모습도 보이고, 기차가 달리는 소리가 아직 부담스러운지 세 살배기 꼬마는 30분째 계속 울고 있습니다.

열차가 만석이다 보니 승무원들도 분주해 보입니다.

우는 아이에게는 호두과자를 하나 쥐어 주기도 하고, 거동이 불편해보이는 어르신에게는 생수 한 병을 건네주기도 합니다.

우리에게 명절은 이런 것 같습니다. 나눔의 가치, 바쁜 일상 속에서 잊고 지냈던 것들의 가치를 만날 수 있는 시간입니다.

이런 식으로 그냥 눈에 보이는 것을 묘사하는 것입니다. 문장을 깔끔하게 다듬으려는 노력을 하지 않아도 됩니다. 그저 눈에 보이는 것을 말하거나 써내려가면서, 흐름이 이상한지만 주의하면 됩니다. 뭔가 이야기의 흐름이 방해가 되는 부분이 있으면 지우거나 다음에 더 신경 써서 고치면 됩니다. 오늘 쓴 것이 실수처럼 여겨져도 상관없습니다. 이건 연습이고, 내일 또 연습을 할 테니까요. 우리는 이 중얼거리는 연습을 꽤 열심히 할 것입니다.

준비된 총알보다 묘사가 더 효과적일 때

중얼거리듯 묘사하는 연습을 일상에서 하면 주변 사람들이 적잖은 핀잔을 주기도 할 것입니다. "너는 뭘 그렇게 혼자 구시렁거리냐?" 하는 이야기를 듣는 것입니다. 저는 그럴 때마다 일일이 설명할 수도 없는 노릇이어서 그냥 무시했습니다. 제 목적과 의도를 모두에게 설명할 필요를 느끼지 못했기 때문입니다. 혼자 구시렁거리면 이런 불편이 생기지만, 그럼에도 불구하고 결정적인 순간에는 매우 큰 유익을 안겨줍니다.

저는 돌발적인 상황에서 생방송을 진행해야 하는 경우가 많았습니다. 그렇다 보니 의지할 것이라고는 마이크 밖에 없는 상황이 꽤 자주 있었습니다. 이런 상황에서 저는 재빨리 판단해야 했습니다. 제가 이 상황에서 사용할 수 있는 '총알', 즉 정보를 머릿속 어딘가에 가지고 있는가, 아니면 지금 눈앞에 보이는 것을 묘사하면서 방송을 이끌어가야 하는가, 둘 중에 취사선택을 해야 하는 것입니다.

경험상 대부분의 상황은 2대 8로 정리가 됐습니다. 대체적으로 제가 그 사안에 대해 가지고 있는 사전적 내지는 상식적 수준의 정보를 20퍼센트 정도 활용하고, 나머지 80퍼센트는 눈앞에 보이는 모든 것을 묘사하겠다는 마음으로 멘트를 채웠습니다. 그러면 큰 무리 없이 상황이 정리되곤 했습니다.

예를 들어 지난 2014년 온 국민을 슬픔과 절망으로 몰아넣었던 세월호 사건 현장으로 가보겠습니다. 저는 세월호 사건이 난 당일, 서울에서 점심을 먹으려다가 수저를 내려놓고 사고 해역으로 급히 출장을 가게 됐습니다. 국가적 재난 현장으로 가야 하니 점심을 굶는 것은 중요하지 않았습니다.

운 좋게도 제가 일했던 회사의 촬영기자가 다음날 오전에 사고 해역으로 접근할 수 있었습니다. 그것이 바다에 잠겨 있는 세월호의 모습이 세계 최초로 포착되는 순간이었습니다.

그때 진도 팽목항 중계 부스에 앉아 있던 저의 역할은 사고 해역에서 실시간으로 보내오는 그 화면을 보며 방송하는 것이었습니다. 사고 해역의 모습을 묘사하는 것이 제 역할이었던 것이었지요. 크게 어려울 것은 없었습니다. 왜냐하면 저는 평소에 구시렁거리며 묘사하는 연습을 많이 해왔기 때문입니다. "세계 최초로 세월호 사고 해역의 모습을 보내드린다"는 멘트와 함께 방송을 했던 기억이 납니다.

이튿날에는 저 역시 사고 해역으로 갈 수 있게 됐습니다. 세월호가 잠긴 곳에서 500 내지 800미터 정도 떨어진 곳에 배를 세우고 방송을 진행했습니다. 이때 제가 가진 정보는 세월호 사건에 대한 개략적인 내용이 전부였습니다. 눈앞에 보이는 '지금 이 순간'을 더 자세히 묘사해야 했습니다. 묘사를 통해 방송을 해야 하고, 그렇게 해서라도 이 현장의 소식을 국민들에게, 그리고 전 세계에 알린다는 일종의 사명감도 작용했던 것 같습니다.

이번에도 역시 제게 있는 것은 머릿속의 약간의 사전 정보와 마이크가 전부였습니다. 눈에 보이는 사고 해역 장면을 있는 그대로 묘사해서 전하는 것이 제 역할이었습니다. 짧게는 5분, 길게는 10분씩 반복해가며, 사고 해역 주변에서 하루 종일 방송을 했습니다. 반응이 좋을 수밖에 없었습니다. 그토록 궁금했던 사고 해역의 모습이 생중계로 전해졌으니까요.

제가 그런 중요한 사고 현장에서 큰 부담감 없이 방송을 마무리할 수 있었던 이유는 상황을 묘사하는 일에는 누구보다 자신이 있었기 때문입니다. 실제로 그런 마음으로 방송을 했고, 제 방송에 대한 평가도 무척 좋았습니다. 방송 이후 팽목항에 있던 CNN 기자가 제게 먼저 다가와 인사하면서 "방송 잘 봤다"는 말을 해줄 때 짜릿한 기분도 느낄 수 있었습니다.

묘사의 참맛이란 이런 것 같습니다. 평소에 습관적으로 중얼거리며 익숙하도록 연습해두면, 정말 자기에게 중요한 상황이 닥쳤을 때 편안한 마음으로 말하기에 나설 수 있는 것입니다.

지금부터 묘사하는 연습을 시작하세요. 눈에 보이는 이 순간의 모습을 설명하는 것입니다. 방법은 중얼거림입니다. 그러면 묘사를 잘 하려는 당신의 노력이 결정적인 순간에 절정의 참맛을 맛보게 할 것이라고 확신합니다.

그러니 꼭 기억하시면 좋겠습니다.

"묘사는 말하기의 품격을 높여준다."

예수처럼 말하는 법, 우리의 말 품격을 위한 제9계명입니다.

말하기의 본질은
일상 습관에 있다

지금까지 우리는 생활의 일부가 되어야 할 말하기의 본질과 이를 위한 기본적이고 실천적인 방법까지 함께 알아보았습니다. 말하기의 본질적 자세와 기본 기술을 짚어보면서, 우리가 만들어야 할 말하기라는 집의 양대 기둥과 골격을 세운 셈입니다. 말하기를 잘 하기 위한 토대를 쌓은 것입니다.

지금까지 말하기를 위한 토대를 연습했다면, 이제부터는 예수처럼 말하는 법, 크리스천답게 품격있는 말하기를 위한 마지막 제10계명으로 우리가 일상생활에서 실천하며 연습해야 할 부분을 살펴볼 것입니다.

일상에서, 언제나, 꾸준히

신앙생활을 하든 안 하든 많은 사람들은 복을 받기 원합니다. 건강하게 오래 살고 싶고, 물질적으로 가난하지 않으면 좋겠고, 가고 싶은 곳에 편하게 다닐 수 있는, 그런 육체적이고 경제적인 복을 원합니다. 오래 전 우리 할머님들이 그릇에 물 받아놓고 바랐던 복도 가정과 자손들이 그런 복을 받고 사는 삶이었습니다.

크리스천은 하나님으로부터 복을 받기를 원합니다. 그런데 하나님의 말씀을 기록한 성경에는 하나님의 복을 받기 위한 전제 조건이 있습니다. 하나님의 말씀, 즉 율법에 순종하면 복을 받을 수 있고, 불순종하면 저주를 받게 되는 것입니다. 불행히도 하나님의 선택을 받은 이스라엘 백성은 율법을 제대로 지키지 않았고, 결국 나라를 잃게 됩니다. 복 대신 저주를 받게 된 것이죠.

복을 받기 위한 조건이 율법을 지키는 것이라면, 율법을 잘 지키기 위해 어떻게 해야 할까요? 성경은 '밤낮으로 율법을 묵상하라'고 말합니다.

1복 있는 사람은 악인들의 꾀를 따르지 아니하며 죄인들의 길에 서지 아니하며 오만한 자들의 자리에 앉지 아니하고 2오직 여호와의 율법을 즐거워하여 그의 율법을 주야로 묵상하는도다 _시편 1:1-2

여기서 포인트는 '밤낮으로'입니다. 밤낮 할 것 없이 일상에서 언제나 말씀을 되새기면서 그 말씀대로 살겠다고 다짐하고, 그 다짐을 실제로 이행하는 것이 중요하다는 의미입니다. '일상에서, 언제나, 꾸준히' 하나님의 말씀을 읽고 생각하고 행동으로 옮기라고 강조하는 말씀입니다.

말의 본질과 기술을 잘 익히는 것도 마찬가지 관점에서 보면 좋을 것 같습니다. '일상에서, 언제나, 꾸준히'가 중요하지 싶습니다. 특정 요일, 특정 시간을 정해서 말하기나 글쓰기 연습을 하는 것이 아니라, 일상에서 자연스럽게, 익숙하게 연습이 되게끔 노력하는 것입니다. 그래야 지치지 않고, '또 하나의 다른 일'로 받아들이지 않게 됩니다. '밤낮으로 율법을 묵상하듯' 일상 속에서 자연스럽게 스며드는 연습 방법이 부담도 적고 오래 계속할 수 있습니다. 그렇게 하면 어느 순간 자연스럽게, 누가 보아도 '말 좀 하네'라는 소리를 듣는 복을 받을 수 있습니다.

'중얼중얼' 혼잣말의 잠재력

앞의 제9번째 계명에서, 묘사력을 키우는 굉장히 손쉬운 방법으로 중얼거리는 혼잣말을 잘 활용해야 한다는 점을 살펴보았습니다. 혼잣말이 가진 잠재력을 좀더 살펴보겠습니다.

혼잣말을 한다는 것은 개인의 일상 활동에서 가장 은밀한 영역 가운데 하나입니다. 다른 사람이 없을 때, 혼자만의 공간에서 하는 말이니까요. 여러 사람들 사이에서 혼잣말을 하다가는 이상한 사람 취급을 받기 십상입니다. 사적인 공간에서 중얼거릴 소재를 공개적 장소에서 중얼거리는 것은 위험합니다. 혼잣말은 일상의 사적 영역에서 진행되는 말하기 습관이어야 합니다.

이 대목에서 궁금해지는 건 역시 "과연 예수님은 어떠셨을까?"하는 것입니다. 예수님도 혼잣말을 자주 하셨을까요? 예수님이 혼자 계실 때 어떤 식으로 혼잣말을 하셨는지 알 수 있는 근거는 많지 않습니다. 다만 겟세마네에서 기도하신 모습을 보면, 홀로 기도하시는 시간에도 주변 사람이 들을 수 있는 정도로 소리를 내서 기도하셨을 거라고 추측할 수 있습니다. 제자들과 조금 거리를 두고 있던 상황인데도, 성경에는 예수님의 기도 내용이 분명하게 기록돼 있기 때문입니다. 제자들이 그 소리를 들었던 것이지요. 예수께서 홀로 기도할 때의 기도 내용이 조금 거리가 떨어져 있던 제자들에게도 전달됐다는 것은, 그만큼 예수님이 명료하게 소리를 내셨기 때문일 것입니다. 개인적으로 일상에서 말하신 것이나 공개 석상에서 하신 말하기의 특징이 크게 다르지 않았을 것이라고 짐작할 수 있습니다.

이번에는 극단적으로 반대의 경우를 생각해보겠습니다. 평소에 욕을 입에 달고 사는 사람이 있습니다. 이 사람은 무슨 말을 하면 추임새처럼 욕을 합니다. 습관적이죠. 기분이 좋아도 욕을 하고, 기분이 나빠도 욕을 합니다. 이 사람이 진짜 화가 나면 불같은 성미를 욕으로 해소하려는 것처럼 보입니다. 말하기 매너는 차치하고 인격적으로 정상이 아니라고 의심할 수 있지요. 그런데, 이런 폭력적인 말 습관은 본인이 무슨 말을 하든 습관적으로 튀어 나옵니다. 그러니까 습관이 무섭다고 하는 것입니다. 이런 사람은 혼잣말을 할 때도 입 모양을 보면 욕을 하고 있는 것 같습니다. 그래서 일상에서 아무 때나 욕을 하는 실수를 자주 합니다. 멋쩍고 미안한 상황에서도 욕으로 말문을 엽니다. 공식적인 말하기 상황에서나 돌발상황이 생길 때도 욕을 합니다. 입에서 욕이 나오지 않더라도 얼굴에는 욕을 할 때의 표정이 그대로 나타납니다. 평소의 말 습관은 그래서 중요합니다.

사투리를 내 장점으로!

상남자 콘셉트로 인기를 끌고 있는 모델 겸 배우 배정남 씨를 보면 참 재미있는 사람이라는 생각이 들 때가 많습니다. 껄렁해 보이면서도 인간미가 넘치고, 어려운 유년시절을 혼자 힘으로 버텨낸 근성도 상당해보입니다. 특히 잘생긴 상남자가 경상도 사투리를 쓰는 이미지가 불협화음 같아도 조화를 이루면서 그의 캐릭터를 만들어내는 것 같습니다.

한 번은 그가 동료 연예인들과 회식자리에서 사투리를 버리고 서울말을 쓰는 모습이 방송에 나왔습니다. 누가 봐도 어색한데, 스스로는 서울말을 완벽하게 구사한다고 자화자찬을 하는 모습이 더 큰 웃음을 자아냈습니다. 상남자 캐릭터를 만드는 데 적잖은 기여를 한 것으로 보이는 배정남의 사투리가 서울말로 바뀌는 순간, 왠지 그의 매력이 뚝뚝 떨어지는 것처럼 느껴졌습니다. 적어도 사투리는 그에게 수정할 대상이 아닌 매력의 도구이기 때문입니다.

평생 경상도에서 살아서 경상도 사투리가 몸에 뱄는데, 억지로 서울 표준말을 쓰겠다고 하면 잘 안 됩니다. 억지 노력을 하다 보니 어색한 말 습관이 생깁니다. 이럴 때 사투리를 버리겠다고 표준 발음에 과다하게 집중하다 우스꽝스럽게 말하는 실수로 이어지는 것입니다. 그러니 억지 노력의 결과는 그만큼 억지스럽습니다. 이런 말하기는 코미디미언의 개그 소재로 활용되기도 합니다. 배정남 씨의 서울말이 웃음을 자아낸 것도 비슷한 틀에서 해석할 수 있습니다.

경상도, 전라도, 강원도 사투리를 쓰는 사람이 서울말로 말투를 바꾸려면 꽤 많은 노력을 해야 합니다. 평소 사투리가 훨씬 익숙하다면 사투리를 최소화하는 일상의 노력이 필요합니다. 매 순간을 사투리 교정의 시간으로 활용해야 하는 것이죠.

예수님은 어떻게 하셨을까요? 예수님은 갈릴리 출신이고 갈릴리에서 사역하셨습니다. 당시에도 수도는 예루살렘이었으니 예수님은 적어도 서울 사람은 아니셨던 셈입니다. 예루살렘과 갈릴리의 거리를 한국으로 치면 서울에서 충청도나 강원도 정도로 비교할 수 있을 것 같습니다.

당시 예루살렘은 이스라엘의 중심이었습니다. 왕궁은 물론 성전이 있다는 종교적 상징성이 무척 강한 도시였습니다. 예루살렘이 종교, 정치, 행정의 중심지였던 것입니다. 반면, 예수님이 태어나 자라고 사역의 중심지가 된 갈릴리는 시골 촌 동네였습니다. 이스라엘 북부에 위치한 말 그대로 낙후된 지역이었죠. 예수님은 그런 촌에서 태어나 자라셨고, 촌 동네 출신으로서 촌에서 주로 사역을 하셨습니다. 촌사람이니 당연히 서울말보다 시골말을 썼을 가능성이 큽니다.

갈릴리에서는 당시의 국제 공용어인 헬라어가 아닌 아람어를 주로 사용했습니다. 예수님도 그곳에선 헬라어가 아닌 아람어로 설교하셨다고 합니다. 아람어를 사투리로 볼 순 없지만, 서울에서 사용하는 언어가 아닌 지방에서 주로 사용하는 언어로 사역하신 것입니다. 상황에 언어를 맞추신 것이라고 해석할 수 있습니다.

불행하게도 우리는 서울이 아닌, 자기가 살던 지역의 방언으로만 살아가기가 힘든 세상에서 살아가고 있습니다. 사투리 때문에 고민하는 분은 사투리를 쓰지 않으려고 노력하면서, 표준 발음과 억양이 무엇인지 몸에 익히려고 노력하곤 합니다. 이게 말이 쉽지, 적어도 10년 넘는 시간 동안 몸에 배어 있는 언어 습관을 한순간에 바꾸긴 어렵습니다. 그저 약간 자연스럽도록 교정하는 방식이 현실적으로 효과가 있습니다. 스트레스를 덜 받는다는 점에서 그렇습니다. 사투리를 교정하겠다는 일념으로 별도의 시간을 내서 표준어를 억지로 익히려 하지 말고, 뉴스 듣는 시간을 늘려 표준어로 말하는 진행자들의 말하기를 듣는 것이 더 좋습니다. 일단 표준어가 익숙하게 만들어서, 자기가 쓰는 사투리와 표준어가 어떻게 다르고 같은지 느끼는 것이 중요합니다. 어느 정도 '노출'로 인한 효과가 나기 시작한다고 느낄 때, 표준어를 조금씩 따라하면서 자연스럽게 익숙하도록 만들면 됩니다.

이렇게 해서 사투리가 자연스럽게 사라지면 다행이지만, 사투리가 수정되지 않는다고 해서 큰 문제가 되지는 않습니다. 사투리가 때로는 나의 경쟁력이 될 수 있기 때문입니다. 사투리를 꼭 버려야 한다는 집착에서 한 발 물러나는 것도 심리적으로 좋은 방법입니다.

방송인 김제동 씨를 다시 떠올려 보세요. 전형적인 경상도 사람이고 말투에도 확연히 드러납니다. 그런데 아주 심하지는 않습니다. 또박또박 생각을 전달하면서 경상도 사투리가 양념처럼 묻어나는데, 이 과정이 굉장히 자연스럽습니다. 몇십 년간 사람들 앞에서 이야기해오면서 사투리조차 자신의 캐릭터를 보여주는 요소로 승화시킨 것입니다. 사투리라고 무작정 버려야 하는 것이 아니라는 점을 김 씨가 입증한 셈입니다.

상황은 조금 다르지만, 예수님이 당시 국제 공용어였던 헬라어를 고집하지 않으시고 대중에게 익숙한 언어로 특색 있게 설교하셨다는 점도 그런 맥락에서 유사성을 느낄 수 있습니다.

그러니 사투리를 쓴다고 말을 못하는 것은 아니니 염려마십시오. 다만, 면접과 프레젠테이션 같은 공식적인 말하기는 아무래도 사투리보다 표준어를 사용하는 것이 좀더 격식을 갖춘 것으로 느껴지곤 합니다. 기본적으로 사투리보다 표준어가 낫고, 말 그대로 표준이라는 인식 때문입니다. 사투리가 꼭 버려야 할 불순물은 아니지만, 말하기의 격식과 내 캐릭터 사이에서 접점이 필요할 뿐입니다. 어느 정도 연습을 통해, 자신의 말하기 속에 매력적인 사투리를 담는 정도가 그 접점이라고 볼 수 있겠습니다.

발음은 명확하게

발음을 명확하게 하는 것은 말하기 기술을 익힌다는 측면에서 매우 기본적인 것입니다. 발음이 분명하지 않으면 의사 전달에 문제가 생기기 때문입니다. 발음을 좋게 하기 위해서는 실제로 어떤 방법으로 연습을 해야 할까요?

저는 원래 말이 빠릅니다. 말이 빠르다는 것은 발음이 불명확할 수 있다는 말이기도 합니다. 말을 빨리 하면 단어와 단어가 겹쳐서 발음되기 때문입니다. 예를 들어 '미국 트럼프 대통령은'이라는 말을 발음할 때는 '미국 / 트럼프 대통령은'으로 의미 단위를 구분해서 발음해야 합니다. 미국과 트럼프 사이에 아주 잠깐 멈추는 포즈(pause)를 두어, 의미를 구분하면서 발음도 명확하게 하는 것입니다. 그런데 저는 '미국 트럼프 대통령은'을 하나의 덩어리인 것처럼 이어서 발음하기도 했습니다. 그렇게 하면 미국 대통령 트럼프를 모르는 사람이 들었을 때 미국 대통령의 이름이 '미국트럼프'인 것처럼 들리게 됩니다. 이렇게 빠른 저의 말하기 특성은 방송인으로서 치명적인 약점이었습니다. 특히 앵커로 일할 때 이 단점을 없애기 위해 무척이나 노력을 해야 했습니다.

이런 사람에게 내릴 수 있는 처방전이 있는데, 어려우면서 쉽습니다. 바로 볼펜입니다. 볼펜을 입에 물고 발음 연습을 하는 것입니다. 명확한 발음을 연습하려는 사람이 준비해야 할 것은 방송 기사 원고 1부와 볼펜 한 개입니다. 표준어를 기본으로 하는 방송 기사는 포털이나 언론사 홈페이지에서 복사할 수 있습니다.

이때 주의할 점은 방송 기사 원고를 눈에 보기 편하게 한 문장씩 구분해놓고, 각 문장의 앞에 번호를 달아두는 것입니다. 방송 기사가 많아야 15문장 안팎이기 때문에, 1번 연습할 때 15개 문장을 연습한다고 생각하면 됩니다.

본격적인 연습을 시작하기 전에, 기사에 사용된 단어 가운데 내가 발음이 잘 안 되는 부분을 형광펜으로 표시해놓으면 좋습니다. 연습할 때 좀 더 집중해서 연습해야 할 부분을 표시하는 것이니까요. 발음이 잘 되는 단어는 신경 쓰지 않아도 됩니다.

이제 볼펜을 물고 문장에 담긴 단어 하나하나를 또박또박 발음하는 연습을 합니다. 15개 문장을 2,3번 정도 발음하는 연습을 하고 나면 아마 침이 고여 볼펜 사이로 흐르기도 할 것입니다. 볼펜을 입에 물고 소리를 내는 것이니 침이 흐르는 건 당연합니다. 혼자 연습하는 일인데, 이 정도는 전혀 창피할 이유가 없겠죠. 닦아가면서 계속 연습하면 됩니다.

한참 연습하다 보면 턱의 양쪽 부위도 조금 아프게 될 것입니다. 이때가 연습을 멈출 때입니다. 사람마다 다르겠지만 보통 15분에서 20분 정도 이 연습을 하면 턱이 아프고 기운도 빠지게 됩니다. 이런 식의 연습을 일주일에 2,3번 정도는 한다고 생각하고 도전을 해보세요.

저는 생방송에 들어가기 바로 직전에도 2,3분 정도 볼펜을 입에 물고 발음과 발성 연습을 하곤 했습니다. 별거 아닌 것 같고 조금 무식해 보이는 방식이지만, 효과는 상당합니다. 발음이 명료해지면 말하는 사람에게 자신감도 생깁니다.

방송 원고 읽기가 지루하게 느껴질 즈음에는 '빠른 말놀이'를 해보는 것도 괜찮은 방법입니다. 다음 원고를 참고하면서 연습해 보세요. 많이 들어본 것이지요?

빠른 말놀이

내가 그린 기린 그림은 잘 그린 기린 그림이고 네가 그린 기린 그림은
잘 못 그린 기린 그림이다.

내가 그린 기린 그림은 긴 기린 그림이냐, 그냥 그린 기린 그림이냐?

내가 그린 구름그림은 새털구름 그린 구름그림이고,

네가 그린 구름그림은 깃털구름 그린 구름그림이다.

중앙청 창살은 쌍창살이고 시청의 창살은 외창살이다.

경찰청 철창살은 외철창살이냐 쌍철창살이냐

경찰청 철창살이 쇠철창살이냐 철철창살이냐

검찰청 쇠철창살은 새쇠철창살이냐 헌쇠철창살이냐

경찰청 쇠창살 외철창살, 검찰청 쇠창살 쌍철창살.

간장 공장 공장장은 강 공장장이고

된장 공장 공장장은 공 공장장이다.

한양 양장점 옆 한영 양장점

신인 상송 가수의 신춘 상송 쇼

저기 가는 저 상장사가 새 상 상장사냐 헌 상 상장사냐?

옆집 팥죽은 붉은 팥죽이고 뒷집 콩죽은 검은 콩죽이다.

앞 집 팥죽은 붉은 팥 풋팥죽이고, 뒷집 콩죽은 햇콩단콩 콩죽,

우리집 깨죽은 검은깨 깨죽인데 사람들은 햇콩 단콩 콩죽 깨죽

죽먹기를 싫어하더라.

말하기의 롤모델과 섀도잉 학습법

JTBC '뉴스룸'을 진행하는 손석희 앵커를 따라하는 개그 방송인 '뉴스방의 숀석희'를 혹시 들어 보셨나요? 지금은 볼 수 없게 됐지만, 저는 한동안 손석희 앵커를 따라하는 개그맨들의 연기를 보고 너무 웃겨서, 웃다가 눈물을 흘렸을 정도입니다. 손석희 앵커의 특징을 절묘한 성대모사로 따라했기 때문입니다.

이제부터 '숀석희'처럼 될 수 있는 법에 대해 한 수 배우는 시간을 갖도록 하겠습니다. 특정한 롤모델을 정해 그대로 흉내내듯 말하는 훈련입니다. 이런 걸 섀도잉(shadowing) 학습법이라고 합니다. 주로 영어를 비롯한 외국어 공부를 할 때 사용하는 방법으로, 어떤 사람을 롤모델로 정해 그 사람의 그림자처럼 그가 하는 말을 그대로 따라 하는 공부법입니다.

우리가 영어회화를 배울 때 외국어 영화나 드라마를 교재로 삼아 대사는 물론 감정까지 따라 하는 방식으로 공부한 것이 알고 보니 섀도잉 학습법이었습니다. 말하는 사람을 그림자처럼 따라하면서 똑같이 말하다 보면 말문이 트이게 될 것이라는 것이 섀도잉 학습법의 특징이고 강조점입니다.

섀도잉 학습법이 외국어를 공부하는 데 효과적인 건 분명한 것 같습니다. 그렇다면 우리말을 잘 하기 위한 방법으로도 효과적일 것입니다. 말을 잘 하는 사람을 따라하는 것이고, 성대모사도 말하기도 결국 섀도잉의 일종이니까요.

따라 하기 위해서는 당연히 따라 할 대상이 필요하겠죠? 자신이 닮고 싶은 방송인이나 자타가 공인하는 이야기꾼을 정해보십시오. 그와 똑같이 말하는 연습을 따라 하면서, 그가 가진 장점을 내 것으로 흡수하는 것이 우리에게 필요한 섀도잉입니다.

이런 섀도잉의 원조라는 표현이 가능한 분이 계십니다. 어쩌면 존재 자체가 섀도잉인 분입니다. 하나님을 섀도잉하신 분이니까요. 바로 예수님이셨습니다. 예수님의 말씀처럼, 우리가 예수님을 본다는 것은 하나님을 본 것이기 때문입니다.

> 예수께서 이르시되 빌립아 내가 이렇게 오래 너희와 함께 있으되 네가 나를 알지 못하느냐 나를 본 자는 아버지를 보았거늘 어찌하여 아버지를 보이라 하느냐 _요한복음 14:9

예수님은 하나님을 섀도잉했다는 측면에서 싱크로율이 가장 높았다고 볼 수 있습니다.

우리는 섀도잉을 실제적으로 연습하기 위해 사람 중에서 누구를 모델로 삼을 것인지 결정해야 합니다. 특정 인물을 나의 롤모델로 결정할 수 있고 직업군으로 추려볼 수도 있습니다. 개그맨 손석희처럼 손석희 앵커를 롤모델로 삼기로 했다면, 해당 인물의 방송 영상을 다운받을 것입니다. 30초에서 1분 단위로 영상을 클립으로 짧게 쪼개는 것이 좋습니다. 너무 길면 따라하다 지치기 쉽기 때문입니다. 짧게 편집한 영상을 따라하며 스스로 모니터하는 과정을 반복하는 것이 효율적입니다.

스스로 섀도잉을 연습할 때 도움이 되는 모니터 방법은 따라하는 자기 모습을 촬영하는 것입니다. 요즘에는 노트북 컴퓨터에 기본적으로 카메라가 내장돼 있기 때문에 영상을 보며 원고를 읽는 모습을 따라하고, 이 모습을 노트북 캠 프로그램으로 찍으면 됩니다. 스마트폰으로 영상을 보고 따라하면서 노트북으로 촬영하는 것도 한 방법이 될 수 있지만, 그 반대로 노트북으로 영상을 보면서 스마트폰으로 촬영하는 것도 가능합니다. 중요한 점은 30초에서 1분 정도 따라한 것을 촬영한 다음, 그 모습을 보고 스스로 평가를 해보는 것입니다. 다른 사람의 의견을 들어보면 더 좋습니다. 나의 말하기와 내가 따라하려는 그의 말하기가 어떻게 다르고, 그의 말하기의 장점이 나의 말하기에 어떻게 반영되고 있는지 꼼꼼히 체크해야 합니다.

유의할 점은 성대모사가 이 연습의 목표가 아니라는 것입니다. 개그맨 손석희는 자신의 직업적 목적을 위해 손석희 앵커를 따라한 것이지만, 우리는 손석희 앵커의 장점을 배우려는 목적으로 따라하는 것입니다. 또한 지나치게 유명한 특정 인물을 롤모델로 삼으면 나만의 특징이나 개성이 롤모델의 강점에 묻혀버릴 수 있습니다. 손석희처럼 경륜이 풍부한 사람보다 신입 아나운서를 섀도잉 모델로 삼는 것이 좋습니다. 경륜이 쌓인 방송인은 자신만의 색깔이나 캐릭터가 확고히 잡힌 경우가 많은 반면, 신입 아나운서들은 아직 전형적인 틀에서 말을 하기 때문입니다. 초보자가 따라하며 익히기에는 신입이 경력자보다 수월합니다. 예를 들어 손석희 앵커를 섀도잉 모델로 삼으면 '손석희 말투를 따라한다'는 말을 들을 수도 있지만, 신입 아나운서를 모델로 삼으면 '아나운서처럼 말한다'라는 말을 들을 가능성이 더 높습니다.

그래서 저는 개인적으로 유명 인물보다 직업군을 정해서 다양한 인물들의 말하기를 모니터하고 따라하며, 스스로 평가해보는 방법을 권유합니다. 예를 들면 각 방송사별로 아나운서를 한정하는 방식입니다. 오늘은 이 사람, 내일은 저 사람을 섀도잉 대상으로 번갈아 다르게 정하면서, 표준 발음을 하는 말하기 전문가들을 흉내내는 연습을 하는 것입니다.

아나운서나 앵커의 말하기가 틀에 박혀 지루하다고 느껴지면 테드나 세바시 같은 강연 영상을 보는 것도 괜찮은 방법입니다. 전문적인 직업을 가진 사람들의 말하기가 방송인들의 말하기처럼 기술적 측면에서 정제돼 있지 않지만, 우리가 추구해야 할 말하기가 뉴스 앵커의 말하기가 아니라 강연에서 발표하는 연사의 말하기에 더 가깝기 때문입니다. 일반인인 그들이 수많은 사람들 앞에서 특정 주제를 가지고 매끄럽게 말하는 모습을 보면 우리도 용기와 자극을 얻을 수 있습니다. 이런 경우는 표준어의 사용이나 정확한 발음 측면에서 어긋나는 경우만 주의하면 됩니다.

방송 진행자들은 각자 독특한 개성이 있기 때문에 여러 사람의 방송을 따라하는 연습은 생각보다 많은 유익이 있습니다. 뉴스를 진행하는 사람을 따라하면 감정보다 이성적 말하기에 도움이 됩니다. 쇼 프로그램 진행자를 따라하면 감성적인 말하기에 더 도움을 받을 수 있습니다. 이렇게 다양한 상황에 나를 집어넣어 말하기 연습을 하면 여러모로 도움을 받게 됩니다.

섀도잉 연습 횟수는 개인의 상황에 맞춰 정하면 좋습니다. 무엇보다 부담이 없고 재미있어야 오래 할 수 있기 때문에 스스로의 일상에 부담이 되는 일정은 피하는 것이 좋습니다. 매일 최소 10분씩 해내겠다는 목표가 좋기는 한데, 현실적으로 상당히 번거로운 일이라 보통은 그렇게 하기 어렵습니다. 1주일에 하루를 정해 30분에서 한 시간은 섀도잉 연습을 하겠다, 아니면 2주일에 한 번은 무슨 일이 있어도 30분에서 한 시간은 섀도잉 연습을 하겠다는 식으로 부담 없는 일정표를 만들어야 합니다. 그래야 오랜 시간 꾸준하게 실천하는 데 도움이 될 것입니다.

섀도잉 연습을 할 때는 자신이 무엇을 연습했고, 평가는 어떻게 했는지 꼭 기록해두십시오. 시간이 흘렀을 때 스스로의 변화를 체크하는 데 유용한 자료가 될 것입니다.

끊어 읽기

섀도잉 연습을 하면서 주의 깊게 보아야 할 것 가운데 하나는

'끊어 읽기'입니다. '하나의 문장을 말하면서 어디에서 잠시 쉬어 가는 것이 좋을까'를 고민하는 것입니다. 앞에서 말의 속도에 대해 이야기할 때 고민했듯, 계속 같은 속도로 말하면 지루합니다. 빠르게 말해야 할 상황과 느리게 말해야 할 상황을 구분해서 말 전체에 리듬을 살리는 연습이 필요합니다.

말의 속도를 조절하는 쉬운 방법 가운데 하나가 바로 끊어 읽기입니다. 어디서 끊고 잠시 쉬면서, 말하기 전체의 흐름과 완급을 어떻게 조절할지, 어디서 끊어야 의사가 잘 전달될지에 대해 고민하는 것입니다.

사실 끊어 읽기는 말하기의 리듬보다 말의 의미를 정확하게 전달하는 측면에서 더 중요합니다. 그렇기 때문에 우리는 끊어 읽기의 중요성을 초등학교 1학년 때부터 배웁니다.

아버지가 / 방에 / 들어가셨다.
아버지 / 가방에 / 들어가셨다.

끊어 읽기가 왜 중요한지 우리 머릿속에 각인시켜준 대표적인 문장입니다.

우리에게 끊어 읽기는 두 가지 목적이 있는 연습입니다.

첫째, 의미를 제대로 전달하기 위해 문장 안에서 주어와 동사, 명사와 홑문를 잘 살펴서 끊어 읽는 것입니다. 끊어 읽기는 의미 전달 방법의 기본이기 때문에 단어와 단어, 의미와 의미를 구분해야 하기 때문입니다.

둘째, 말하기 전반의 흐름에서 완급을 조절하기 위해 끊어 읽는 것입니다.

우리는 여기에서 한 발 더 나아가야 합니다. 모든 글에 서론/본론/결론을 섞어두지 않더라도, 글이라는 매체의 특성상 읽다 보면 '아, 이제부터 본론 부분이구나, 이제는 결론을 이야기하는구나'라고 직관적으로 느낄 수 있습니다. 하지만 말하기는 눈에 보이는 텍스트가 없기 때문에 더 친절해야 할 필요가 있습니다. 예컨대 '말하기의 단계가 바뀐다'는 것을 친절하게 설명해주는 것이 좋습니다. 단계가 바뀌는 것을 설명하는 도구는 앞에서 말한 접속사입니다. 끊어 읽기도 접속사와 유사한 기능을 합니다. 그래서 단락 안에서 중요한 문장을 말한 다음 잠시 포즈를 두고 (멈추고) 다음 문장을 말하는 것이 좋습니다. 단락과 단락 사이에는 당연히 포즈를 두는 것이 좋다는 것입니다.

중요한 이야기를 앞에 던지고 잠시 멈추면 듣는 사람에게 생각할 시간을 주게 됩니다. 말하는 사람은 그동안 듣는 사람의 반응을 체크해볼 수 있습니다. 유명한 연사들이 이렇게 포즈를 둘 때, 청중이 우레 같은 박수소리로 반응하기도 합니다. 그래서 끊어 읽기에 대해 배우려면 전문 방송인보다 유명 연사들의 강연 영상을 보는 것이 더 좋습니다. 그들이 언제 어디에서 끊어 말하기의 완급을 살려가는지 집중적으로 보고 따라해보는 것입니다.

준비한 원고가 있다고 하더라도 마냥 읽기만 하면 의도와 다르게 청중을 무시하는 결과로 이어집니다. 준비한 원고가 있어도 청중의 반응을 수시로 살펴보면서 그때그때 멘트를 추가하고 뺄 수 있을 정도의 경험과 내공을 갖추어야 합니다. 이게 아주 어려운 일입니다. 아주 많은 시간과 노력이 필요합니다.

목소리가 중요한 것은 아니다

몇 년 전에 한 방송사의 예능 프로그램에서 '말 잘 하는 방송인'에 대한 설문조사를 벌였습니다. 그때 관심은 손석희 앵커가 차지할 것으로 예상됐던 1위 자리에 다른 사람이 차지한 결과에 쏠렸습니다. 1위가 김제동 씨였던 것입니다.

김제동 씨는 말을 잘 하고 싶어하는 우리에게 많은 시사점을 안겨주는 인물입니다. 비주얼이나 보이스만 놓고 봤을 때는 전형적인 롤모델과 상충되는 측면이 많습니다. 하지만 그는 자타공인 말을 잘 하는 사람입니다. 그의 사투리조차 그의 매력이 되어버렸습니다. 김 씨의 목소리도 결코 감미롭지 않지만 정겨움이 있습니다. 거기다 감성을 자극하는 그의 말하기 스타일은 그의 거친 목소리조차 장점으로 승화시켜 버립니다.

일각에서는 김 씨가 진보적 성향의 인물이라 그 자체로 싫다는 사람들도 있지만, 말하기 스킬 자체만 보면 김 씨는 정말 말을 잘합니다. 저 같은 방송인 출신조차 김 씨의 강연을 듣다 보면 '나도 저렇게 말을 하고 싶다'는 생각이 들 때가 많습니다.

방송인 박경림 씨도 비주얼이나 보이스에 대한 고민이 많은 우리에게 많은 시사점을 줍니다. 박 씨는 데뷔한 10년 전이나 지금이나 목소리의 특징이 똑같습니다. 여성으로서 독특할 정도의 허스키 보이스를 가지고 있습니다. 그런 음성을 싫어하는 사람들에게는 상당히 귀에 거슬릴 수 있습니다. 하지만 그녀의 말하기 실력은 수준급입니다. 기본적으로 웃음을 유발하려는 목적인 경우가 많지만, 가만히 듣고 있으면 사색의 깊이가 느껴지는 캐릭터이기도 합니다.

우리는 통상적인 기준에서 목소리가 좋지 않은 유명 방송인 두 명의 사례만 보더라도 목소리가 전부는 아니라는 결론에 결국 도달할 수 있습니다. 목소리가 좋으면 나의 말하기에 도움이 되지만, 안 좋으면 안 좋은 대로 개성으로 발전시킬 수 있다는 결론 역시 도출할 수 있습니다. 따라서 무조건 좋은 목소리를 만들어야 한다는 고정 관념에서 탈피하고, 개성 있는 목소리로도 나의 말하기를 업그레이드시킨다는 관점에서 접근하는 것이 좋습니다.

목소리 트레이닝

요즘에는 스피치학원이 종류별로 굉장히 많습니다. 논리 스피치, 감성 스피치는 고전적 개념이 된 지 오래이고, 영화 대사를 활용해 연습하는 무비 스피치도 있습니다. 보이스 트레이닝 역시 스피치 과목의 일부로 다뤄지곤 합니다. 이래서 스피치의 본질적 측면을 한 발 뒤로 물려놓고 상업적 측면을 지나치게 강조한다는 비판도 종종 나오지만, 그만큼 사람들이 스피치, 곧 말하기에 대한 관심을 많이 기울인다고 해석할 수 있습니다.

전문 방송인으로서 살아온 저 같은 사람의 관점으로 보면 논리 스피치나 감성 스피치는 노력하면 어느 정도 극복할 수 있는 부분이 있습니다. 우리가 이 책에서 책을 많이 읽고 많이 쓰고 많이 생각하면서 본질적인 글쓰기와 말하기 훈련에 접근하자고 이야기를 나눈 것도 논리와 감성을 잘 표현하는 역량을 키우자는 측면 때문이었습니다.

스피치학원에서는 주로 본질보다 스킬에 집중합니다. 이건 어쩔 수 없습니다. 학원에서 한두 달 수업을 듣는다고 본질을 꿰뚫을 수는 없을 테니까요. 그래도 논리나 이성은 많이 읽고 많이 쓰고 많이 생각하는 노력을 통해 이전과 다른 수준으로 변화시킬 수 있는 가능성과 폭이 넓습니다.

문제는 보이스 트레이닝입니다. 목소리는 선천적인 것입니다. 원래 목소리가 좋은 사람은 기술을 더해서 전문적인 능력을 갖출 수 있습니다. 목소리가 안 좋은 사람은 발성이나 호흡법을 고쳐 소리가 나오는 방식을 수정하고 노력해 좀 더 편안한 목소리를 만들 수는 있습니다. 하지만 분명한 것은, 스피치학원에서도 허스키 보이스가 한두 달만에 꾀꼬리 목소리로 바뀌는 기적은 발생하지 않는다는 것입니다. 다만 목소리를 안정적이고 편안하게 만드는 훈련 방법은 있습니다. 그 결과를 '목소리가 바뀐다'라고 조금 과장해서 이야기하는 것이죠.

목소리를 안정화시키는 대표적 요소는 '호흡/발성/발음/억양/어투/어조'입니다. 방송인들은 이것을 '목소리 6인방'이라고 부릅니다. 사실 이 목소리 6인방 가운데 4인방에 대해서는 앞의 섀도잉 부분에서 살짝 다뤘습니다. '발음, 억양, 어투, 어조'라는 단어를 사용하지 않았을 뿐입니다. 발음, 억양, 어투, 어조, 이 네 가지는 비교적 쉽게 개선될 수 있습니다. 하지만 그 네 가지를 일일이 별도로 따져서 연습하게 하면 연습하는 사람이 지레 지칩니다. 그래서 그 네 가지(목소리 4인방)가 좋은 사람을 따라하면서 자연스럽게 힌트를 얻는 방식이 더 효율적이기에, 네 가지를 뭉뚱거려서 섀도잉 방법을 말씀드린 것입니다.

그렇다면 이제 우리에게 남은 2인방은 호흡과 발성입니다. 호흡과 발성을 전문적으로 강의하는 사람들은 전문용어를 쓰면서 과학적으로 설명하려고 노력하는 경우가 많습니다. 그래서 어렵습니다. 그런데 이게 참 아이러니한 것이, 숨을 쉬는 호흡과 소리를 내는 발성이 어려우면 안 된다는 것입니다. 호흡과 발성이 기본적인 신체 활동인데, 이걸 억지로 배우고 익히려면 힘들어집니다. 성악의 호흡과 발성이 일반적인 호흡과 발성과 달라서 따로 배워야 해서 어려운 것처럼, 전문적이든 일반적이든 말하기에서도 마찬가지입니다. 정확하게는 잘 모릅니다. 그러므로 너무 어렵게 접근할 필요는 없습니다.

저는 이런저런 전문용어도 싫고, 그렇게 호흡과 발성을 안 배워도 내가 터득한다는 배짱으로 기본에만 충실하고자 했습니다. 어떻게 보면 과학적인 기법이라기보다 민간요법에 가까울 수 있지만, 이 책에서는 말하기 공부의 목적이 전문 방송인이나 가수가 되는 것이 아니기 때문에, 편하게 말을 하는 방식으로 호흡법과 발성법에 접근해보겠습니다.

호흡하는 법

호흡은 말 그대로 숨 쉬기입니다. 발성을 잘 하기 위해서는 특히 호흡이 중요합니다. 자기 소리가 어디에서 나는지 파악하며 숨을 쉴 줄 알아야 하는 것입니다.

가수 박진영 씨가 오디션 프로그램에서 심사위원을 할 때 자주 강조하는 것이 호흡입니다. 소리가 배에서 나오기도 하고 머리에서 나오기도 한다는 그의 지적이 흥미로웠습니다. 그는 경연 참가자가 노래하는 소리를 듣기만 해도 소리가 나오는 위치를 압니다. 우리에게 그런 능력까지 필요하지는 않습니다. 말을 할 때 도움이 되는 호흡에 조금 익숙해지는 정도면 됩니다.

흔히 흉식호흡보다 복식호흡이 좋다고 합니다. 이건 맞는 말 같습니다. 가슴으로 숨을 쉬기보다 배로 숨을 쉬는 것이 큰 소리를 많이 내는 데는 더 편합니다. 복식호흡을 횡격막 호흡이라고도 하는데, 횡격막을 넓게 만들어 폐가 활동할 수 있는 공간을 넓혀주는 방식입니다. 폐의 활동이 편해지면 공기가 들어오고 나가는 양도 많아지니 소리를 내기가 수월해지는 것입니다.

복식호흡이 사실 대단한 방법은 아닙니다. 누워서 무릎을 세운 상태에서 숨을 쉬어보세요. 숨을 자연스럽게 쉬는데 가슴이 올라가면 흉식호흡을 하는 것이고, 배가 올라가면 복식호흡을 하는 것입니다. 이렇게 의식적으로 복식호흡을 훈련하면서, 말을 할 때 배에 힘을 주는 노력을 하면 말을 많이 해도 목이 덜 아픕니다.

흉식호흡을 하면 기본적으로 폐에서 교환되는 공기의 양이 적어서 호흡이 얕아집니다. 호흡이 얕아진 상태에서 계속 말을 하려고 하니 목에 힘이 들어갑니다. 이 상태에서 말을 많이 하면 상대적으로 목이 더 아픕니다. 그래서 복식호흡을 하는 것이 좋다는 것입니다. 이렇게 설명해드려도 복식호흡을 과학적으로 따라 하기 어렵고 제대로 하고 있는 것인지도 몰라 연습을 포기하게 됩니다.

단순하면서 본질적인 연습 방법은 숨을 쉴 때 의식적으로 배가 올라오는지(나오는지) 체크해보는 것입니다. 숨을 들이쉬고 내

쉬는데 배꼽 부분의 배가 올라갔다 내려갔다 하면 복식호흡을 하고 있는 것이고, 가슴이 부풀어 올랐다 가라앉으면 흉식호흡에 익숙한 것입니다.

의식적으로 배에 힘을 살짝 준다고 생각하며 숨쉬기를 해보세요. 그게 익숙해지면 말을 할 때도 배에 힘을 주며 말한다고 생각하면 아랫배에 힘이 살짝 들어가는 것을 경험할 수 있습니다.

발성하는 법

고음으로 노래를 잘 부르는 가수들이 영웅담처럼 하는 이야기를 토크쇼에서 가끔 접할 수 있습니다. 소리를 지르고 질러서 성대결절이 생기고, 노래하다 피를 토했다는 경험담이죠. 이게 말도 안 된다고 생각할 수 있지만, 실제로 노래가 아닌 일반 방송을 하는 사람들 중에도 성대에 문제가 생기는 경우가 꽤 많습니다. 목소리를 너무 많이 사용하다 보니까 목이 견뎌내지 못한 것입니다.

우리는 목에 피를 토할 정도로, 성대에 결절이 생길 정도로 발성 연습을 할 필요는 절대 없습니다. 저 역시 어느 순간부터는 방송 직전에 빈 스튜디오에 들어가 "아! 아! 아에이오우!" 하는 식으로 목을 풀고 배에 힘을 넣는 정도만 잠깐 연습하고 방송을 진행하곤 했습니다. 지나치게 목을 풀겠다는 집념으로, 혹은 발성 연습을 통해서 어떻게든 목소리를 개선해보겠다는 시도는 자칫 위험할 수 있습니다. 내 목소리를 내가 조금 더 자유자재로 사용할 수 있을 정도를 목표로 삼아 발성 연습을 하면 됩니다.

일단 연습에 사용할 원고를 준비하세요. 자신이 낼 수 있는 저음부터 고음까지 목소리 톤에 차등을 두고 원고를 읽습니다. 예를 들어 상중하로 목소리의 톤을 나누는 것입니다. 먼저 낮은 톤으로 원고를 읽은 다음 평소의 톤으로 원고를 다시 읽은 뒤, 마지막으로 자기가 느끼기에 평소의 톤보다 조금 높은 정도에서 읽습니다. 그러면 차이점을 발견할 수 있을 것입니다. 어느 때에 말하기가 편하고 좀 더 정확하게 발음하는지를 말이죠. 보통의 경우에는 중간 톤으로 말하는 경우와 조금 톤을 높여서 말하는 경우가 목소리에 힘이 더 들어가고 발음이 명료하게 전달됩니다.

발성 연습은 말하기를 제대로 연습해보겠다고 마음먹은 초반에는 조금씩 자주 하는 것이 좋습니다. 하루에 10분씩 매일 하겠다는 식으로 목소리를 자주 사용하는 연습을 하는 것이 기초 공사를 튼튼하게 하는 방법입니다. 그러다 부담이 가지 않는 수준으로 조금씩 연습 주기를 조절하면 되는 것이죠. 발성 연습은 발표하기, 즉 본격적인 말하기 직전까지 계속 해야 하는 것이기 때문에, 그냥 생활의 일부분이라고 생각하면 더 편하게 접근할 수 있을 것입니다.

호흡과 발성까지 살펴보면서 우리는 목소리 6인방에 대한 접근 방법을 모두 짚어보았습니다. 실전 연습을 할 때는 최대한 부담이 적어야 합니다. 그래서 저는 부담을 최소화하는 방식을 제안했습니다. 자신이 느끼기에 부담 없이 주기적으로, 적어도 1,2년은 연습해보겠다는 마음으로 접근해보세요. 이런 저런 아카데미나 스피치학원에 다니지 않아도, 이 책에서 제안하는 것만 잘 따라 해도 각자 원하는 소기의 목적을 달성할 수 있습니다.

1분 스피치 연습

이제 말하기 연습의 마지막 실전 단계입니다. 주기적으로 연습을 하다 보면 자신이 쓴 글과 정리한 독서노트가 쌓이게 됩니다. 이제는 자신이 많이 읽고 많이 쓴 기록과 더불어, 자신이 롤모델로 삼은 사람의 대본과 평소에 중얼거리면서 묘사 연습을 했던 것을 잘 활용해 본격적인 스피치 연습을 하는 과정이 필요합니다. 이른바 '1분 스피치'를 해보는 것입니다. 이 책에서 다룬 여러 연습 방법을 한두 달 동안 전반적으로 하고 나면 실제로 짧은 스피치를 해보고 싶은 의욕이 생길 것입니다.

말하기를 연습하는 사람에게 가장 좋은 방법이 사실 주제를 정해 1분가량 직접 스피치를 해보는 것입니다. 타이머를 맞춰 놓고 자기가 하는 스피치를 스마트폰으로 촬영합니다. 한 달이든 두 달이든 이런 저런 말하기의 기초 연습을 한 뒤, 같은 주제의 스피치를 또 하면서 동영상 촬영을 다시 해봅니다. 그리고 비교해보십시오. 아마 본인 스스로 놀랄 정도로 발전된 모습을 볼 수 있을 것입니다.

이런 식의 1분 스피치는 적어도 한 달에 한 번은 하는 것이 좋습니다. 1년이면 12개의 1분 스피치가 쌓이는데, 1년 뒤에 12개를 한 번에 보고 비교해보세요. 자신의 발전 과정이 고스란히 담겨 있는 자료를 자기 눈으로 지켜보는 일이 생각보다 즐겁습니다. 이런 연습을 하다 보면 1분 스피치가 2분 스피치가 되고, 2분 스피치가 3분 스피치가 됩니다. 말에 자신이 붙을수록 시간이 늘어나는 것에 대한 부담도 줄어들 것입니다.

대학생이 1학년 때부터 이런 식으로 꾸준히 연습한다면, 입사면접을 볼 때는 이미 40개 전후의 스피치 동영상을 가지게 될 것입니다. 한 달에 두 번으로 횟수를 늘렸다면 100개 가까운 스피치를 연습한 것이 되겠죠. 신학대학원생이라면 신대원을 다니는 3년 동안 이런 연습을 한 달에 한 번만 하더라도 40개 가까운 자기만의 설교 영상을 만들 수 있게 됩니다. 그러니 이런 스피치 연습은 설교자가 되려는 신학생에게 매우 든든한 토대가 될 것이라고 확신합니다.

1분 스피치를 위한 자료 준비는 이제 어렵지 않습니다. 우리에겐 이미 연습을 위해 활용한 자료와 글쓰기를 연습한 결과물이 충분하기 때문입니다.

말하기를 위한 글쓰기를 연습할 때, 아무리 길어도 16문장을 넘기지 않기로 했습니다. 호흡을 조절해가면서 10개 문장을 말하면 대개 50초 전후면 충분합니다. 16문장 정도면 1분 30초 정도 걸립니다. 준비된 원고는 가급적 참고 자료로 활용하고, 내 이야기를 한다는 기분으로, 정말 실제로 말하듯 하는 것이 좋습니다. 준비된 원고를 읽기만 하는 식이면 실전에서 큰 도움이 되지 않습니다. 애드리브도 염두에 두어야 합니다. 그래야 돌발 상황에서도 유연하게 대처할 수 있고, 관객의 반응에 따라 추가적인 말도 편하게 하고 원고를 즉석에서 수정하는 '애드리브'도 가능해지는 것이죠.

마지막으로 기억할 말은 이것입니다.

"말하기의 본질은 일상의 습관에 있다."

예수처럼 말하는 법, 우리의 말 품격을 위한 제10계명입니다.

'망나니'라는 단어의 뜻이 무엇인지 아시나요? 원래는 죄인의 목을 베는 사람을 부르는 말이었습니다. 사극에서 커다란 칼을 들고 죄인의 목을 베는 사람의 모습을 떠올려 보세요. 실제로는 죄인을 어떻게 죽였는지 모르겠지만, 사극을 보면 망나니는 대개 우락부락한 인상으로 가차 없이 사형을 집행합니다. 이런 '망나니'가 시대가 지나면서 '어쩜 저렇게 못될 수 있나 싶을 정도로 못되고 성질 고약한 사람'을 뜻하는 단어로 의미가 변했습니다.

이런 면에서, 저는 조금 과장하면 망나니에 가까운 사람이었던 것 같습니다. 망나니처럼 포악하지는 않았지만, 내 멋대로 사는 사람이라는 측면에선 그랬습니다. 예수님을 믿는 믿음을 갖기 전에는 술을 너무 좋아해서 1년 365일 가운데 360일은 술을 마시며 지냈습니다. 전문 의료 기관에서 알코올 중독이라는 진단을 받지 않았을 뿐이지, 사실상 술에 의존해서, 술에 취한 채 일상을 꾸려가곤 했습니다. 술잔을 앞에 두고 진정한 나의 주(酒)님이라고 경거망동하며 삶의 시간을 낭비했습니다.

저는 상습적으로 갑질을 일삼는 사람이기도 했습니다. 직업적인 특성에 길들여질수록, 사람들이 나를 찾아와 기사 청탁을 할수록, 저는 그 사람들 위에 군림하는 존재가 되어갔습니다. 나를 제외한 다른 사람들을 깔보기 시작했고, 함부로 대했습니다. '서로 사랑하라'(요 13:34)라는 기독교의 가르침 같은 것은 귀에 들리지 않았고, 알고 싶은 생각도 없었습니다. 저는 그렇게 내가 세상의 전부이자 중심이라는 생각 속에서 내 삶을 일궈나갔습니다.

저는 화가 나면 폭언을 일삼는 사람이었습니다. 저의 선배라는 사람은 제게 인격 모독에 가까운 욕을 하며 저를 가르쳤고, 그것이 그때는 그토록 수치스러웠지만, 언제부터인가 저도 후배에게 똑같이 욕을 하는 제 모습을 발견할 수 있었습니다. 손에 칼만 들지 않았지, 입으로 하는 말과 욕으로 상대방의 가슴에 상처를 주고 인격을 짓밟았던 셈입니다. 방송을 하는 사람이라는 측면에서 허우대만 멀쩡했지, 저는 말로 인격살인을 아무렇지 않게 범하는 사람이었습니다. 그런 면에서 저는 망나니 같은 사람이었습니다.

저는 수면제 없이는 잠에 들지 못하는 약한 사람이기도 했습니다. 갑질과 폭언을 일삼는 망나니 같은 사람으로 살아가다 보니, 저도 모르는 새 마음에 병이 생겼습니다. 불면증은 우울증이 됐고, 우울증은 우울병으로 번졌습니다. 여기에 공황장애 증상까지 겹치면서 향정신성 의약품의 도움 없이는 일상을 꾸려가기 어려울 정도로 마음의 감기에 꽤나 심하게 걸렸습니다. 상대방의 인격적 생명을 함부로 해친 저는 정작 저의 정신적 생명이 얼마나 약해져가는지 모른 채 살았던 셈입니다.

딱 그때, 더 이상 삶과 생명에 대한 의지가 없어졌을 때, 삶에 종지부를 찍고 싶었던 그때, 저는 예수 그리스도의 존재를 알게 되었습니다. 예수를 느끼게 됐고, 따르게 됐습니다. 그러자 참 신기한 일이 일어났습니다. 40년 가까운 삶을 살아오면서 단 한 번도 펼쳐보지 않았던 성경을 가까이 하기 시작하면서, 저는 체질적인 변화를 겪게 된 것입니다. 저는 더 이상 갑질을 일삼는 사람도, 폭언을 내뱉는 망나니도 아니었습니다. 어느 순간 뒤돌아 저를 보니, 저는 말씀에 순종하려고 발버둥치고 있는 사람으로 꽤나 많이 바뀌고 싶었습니다. 저는 그렇게 조금씩 바뀌어가고 있었습니다. 말씀의 힘이 무엇인지 제 온몸으로 느꼈고, 지금도 느끼고 있습니다.

예수님처럼 말하는 것과 그렇지 않은 것은 궁극적으로 '생명을 살리는 말하기'인가, '생명을 죽이는 말하기'인가의 차이로 접근할 수 있을 것 같습니다. 크리스천답지 않은 말하기에 익숙했던 지난날의 저는 상대방의 인격을 망나니처럼 죽이는 말하기에 익숙했습니다. 그걸 당연한 것으로 받아들였기 때문에, 상대방에게 함부로 대하고 스스로를 거만하게 드러내 보일 수 있었을 것입니다.

반면 크리스천답게, 예수님처럼 말한다는 것은 상대방의 인격을 살리는 생명력을 가진 말하기인 것 같습니다. 품격있고 격조 있는 말을 나의 입 밖으로 내보내면서 상대방의 인격을 존중하고, 나아가 나의 인격에 빛을 내게 만드는 말하기를 하는 것이 크리스천의 말하기에 좀 더 가까운 정체성이라고 생각하게 되었습니다.

이러한 모델은 예수님의 말하기에 아주 선명하게 나타나 있습니다. 예수님의 말하기가 위대한 것은 그 방식이나 스킬에 있지 않습니다. 예수님의 말하기는 생명의 말하기이고, 사람을 살리는 말하기이기 때문입니다. 그분의 말하기는 주변 상황을 고양시키는 힘이 있습니다. 상대를 공격하거나 폄하하는 말하기가 아니라 상대를 살리는 말하기이고, 수많은 기적들이 그분의 말로 이루어졌습니다. 남을 위한 말하기에서 한 발 더 나아가 삶에 생명을 더하는 플러스(plus) 스피치였습니다.

말을 잘 하고 싶어하는 우리는 플러스 스피치를 추구하면서도, 어쩌면 다른 사람이 아닌 나를 중심에 놓고 나에게 무언가 플러스를 시키기 위한 것에만 초점을 두고 있는지도 모릅니다. 그건 하나는 아는데 둘은 모르는 것이지요.

우리가 이 책에서 말하기와 글쓰기의 본질이라는 주제로 함께 이야기를 나눴지만, 정작 중요한 본질은 생명을 살리는 말하기에 있지 않을까 생각합니다. 나를 살리는 말하기가 아닌 남을 살리는 말하기, 마이너스 스피치가 아닌 플러스 스피치여야 합니다.

예수님의 말하기의 본질에는 바로 이렇게 생명력이 자리하고 있습니다.

저는 말하기에 대한 이야기를 시작하면서 다짐한 것이 하나 있습니다. 어쭙잖은 경력을 내세우며 말하기의 기술에 대한 족집게 강의 같은 이야기는 절대 하지 말아야겠다고요. 이유는 간단합니다. 본질에 집중하기 위해서입니다. 궁극적으로 말을 잘 한다는 것은 많이 읽고, 많이 쓰고, 많이 생각하는 것에 토대를 둡니다. 이 책에서 이 '3다'가 말하기의 본질이 돼야 한다고 이야기했습니다.

이 책의 문을 닫는 지금부터 더 궁극적인 본질에 대한 고민을 시작하시기를 바랍니다. 그것에 대해 정답 같은 방식이나 방법은 저도 여러분도 사실 모릅니다. 우리 각자가 숙제처럼 찾아가야 할 몫입니다. 다만 아주 훌륭하신 모델이 우리 모두 안에 자리하고 계십니다. 바로 예수 그리스도이십니다. 예수님의 삶을 닮는 것, 아마도 우리가 추구하고자 하는 삶의 모든 본질은 바로 여기에서 시작되고 끝맺음이 이뤄져야 할 것입니다. 수많은 본질 가운데 하나에 불과한 말의 본질 역시 예수님, 그분 안에서 답을 찾을 수 있기 때문입니다.

저의 작은 이야기가 독자 모두에게 생명을 살리는 말하기를 하는 데 작은 도움이 될 수 있기를 바랍니다. 긴 이야기를 들어주셔서 고맙습니다.